Et si on refaisait l'histoire ?

Anthony Rowley
Fabrice d'Almeida

Et si on refaisait l'histoire ?

Odile Jacob

15, RUE SOUFFLOT, 75005 PARIS

www.odilejacob.fr

ISBN : 978-2-7381-2166-0

« La lecture de ce livre acheva ma guérison et de faire de moi un homme nouveau, jusques au regard des plus libres de ceux de mon temps, puisque j'y appris que l'établissement politique de la religion chrétienne dans l'Occident étant un fait de ceux qu'on appelle contingents, et qui dépendent des arrangements des libres volontés humaines, il aurait pu ne pas se produire. Faisant donc cette étrange supposition, j'appliquai mon esprit à un déroutement possible entre tous ceux qu'on pourrait imaginer des événements. Les temps futurs, s'ils viennent jamais, ou la foi de Christ, ainsi que tous les saints mystères seraient tenus en dehors de l'ordre et des règlements de la république m'apparurent comme des siècles présents, et je m'élevai de la sorte au-dessus du contingent des présentes réalités par la conception de celles qui auraient pu être à leur place. »

Charles RENOUVIER, *Uchronie (L'Utopie dans l'histoire)*, Paris, Bureau de la critique philosophique, 1876, p. 201-202.

Introduction

Rien n'a changé depuis les Grecs. Quand un événement se produit, nous nous acharnons à en chercher les causes, à en établir les faits à partir des traces, des indices et des témoignages disponibles. En enquêtant, il faut choisir, laisser de côté des éléments, faire silence sur d'autres ou les valoriser. Sachant ce qui s'est passé, nous reconstruisons la marche du temps en oubliant de ce fait combien l'avenir est apparu, chaque fois, incertain. Échapper à la tyrannie du regard après-coup est impossible, même si nous refusons d'attribuer au processus historique un sens et d'y voir la main de Dieu.

Qu'il s'agisse des maigres sources disponibles sur la bataille de Poitiers, sur l'épopée de Jeanne d'Arc ou des tombereaux d'images et de rapports accessibles de nos jours, cela n'y change rien. Les membres de la Commission d'enquête sur l'attentat du 11 septembre 2001 ne s'y sont pas trompés : « L'analyse rétrospective permet de distinguer clairement ce qui s'est passé. Comme chez l'ophtalmologiste, nous ajustons notre regard jusqu'à obtenir dix sur dix de vision. Mais, alors, tout ce qui échappe au strict enchaînement événementiel se retrouve dans l'ombre [...]. Plus les faits bruts deviennent limpides, plus la question du *comment* ces faits se sont agencés apparaît difficile à résoudre. Les incertitudes, le contexte et les choix passés s'estompent ; leur souvenir même est modifié par les déductions que nous avons tirées et la manière d'en rendre compte. » En somme, l'oubli fait couple avec la vérité.

Incapables de « géométriser » l'histoire, nous demeurons exposés à la tentation du fatalisme, que celui-ci prenne les traits d'un homme providentiel guidé par son destin ou que nous nous convainquions d'être les instruments de forces supérieures. Considérons par exemple la manière dont nous avons vécu puis reconstruit l'éventualité d'une Troisième Guerre mondiale, hypothèse tenue pour plausible par une majorité d'Occidentaux depuis 1946 et pour quarante ans. Acquisition de la bombe atomique par les Soviétiques, blocus de Berlin-Ouest par l'Armée rouge, chantage nucléaire du Kremlin contre les Français et les Britanniques lancés dans la reconquête du canal de Suez, crise des fusées entre l'Amérique de Kennedy et l'URSS de Khrouchtchev, « guerre des étoiles » déclenchée par le président Reagan : à chaque péripétie, nous avons redouté le pire, comme si les deux grands étaient conduits à la guerre par une attraction fatale. Puis, sitôt l'alerte passée, nous nous sommes appliqués à retracer ces épisodes selon une logique aussi contingente que rassurante. Tantôt l'équilibre de la terreur ou la détente, tantôt la coexistence pacifique agencée par des leaders servent de clef d'explication rétrospective.

Cet effort intellectuel revient à appliquer des compresses mentales sur des angoisses récurrentes. Voilà pourquoi, au lieu de réfléchir à ce que la matérialisation de la guerre aurait changé à nos histoires, notre pente conduit à oublier. Au vu des archives, c'est même à se demander si nous ne sommes pas victimes d'hallucinations collectives. Qui se souvient par exemple qu'en 1983, le monde a été à deux doigts d'une confrontation nucléaire ? Inquiets des manœuvres organisées par l'OTAN, prenant le survol de l'URSS par un avion de ligne sud-coréen pour une agression au point d'abattre celui-ci en plein vol, tétanisés par le discours de François Mitterrand dénonçant, en Allemagne de l'Ouest, les fusées pointées contre l'Europe occidentale, l'entourage d'un Youri Andropov agonisant a hésité à déclencher une frappe préventive, tant il interprétait ces initiatives comme les preuves d'une offensive à venir de l'Ouest. La catastrophe évitée, l'URSS disparue, nous nous sommes fiévreusement convaincus que l'épisode était anecdotique et nous l'avons classé dans la rubrique « regain de tension », sans examiner plus avant les scénarios qui se seraient offerts.

Pour sauvegarder un champ d'action à notre liberté, deux stratégies existent cependant. La première part du postulat fallacieux que tout récit – oublis et silences compris – rime avec mensonge. Au prétexte de cette tromperie généralisée fondée sur le soupçon, il est alors aisé d'inventer des complots rétrospectifs et de faire du pire une raison d'être. Très peu pour nous.

On peut également s'intéresser aux bifurcations, aux points aveugles de l'histoire. À partir de matériaux fiables, il s'agit en somme de proposer le roman vraisemblable de ce qui aurait pu se passer. Tel est le propos de ce livre. Il s'inspire en premier lieu du travail des romanciers qui ont, de longue date, compris l'intérêt et l'utilité des histoires alternatives. Au XIXe siècle, Charles Renouvier imagina de réécrire l'histoire en fonction d'un scénario alternatif : un manuscrit transmis de génération en génération était ainsi constamment enrichi ; les éléments apportés par chaque descendant complétaient la fresque des ravages commis par la religion et en son nom. Le titre de son livre, *Uchronie*, devint éponyme de cet art de romancer la réécriture imaginaire des temps révolus. Un siècle plus tard, des romanciers anglo-saxons – Philip K. Dick, Robert Harris, Paul Auster ou Philip Roth – et français – songeons par exemple au *Détroit de Behring* d'Emmanuel Carrère – ont créé des œuvres qui concurrencent l'histoire, qui n'en sont pas les reflets mais des doubles plausibles. À leur manière, ils ont pris à leur compte le propos de Roland Barthes dans *Le Bruissement de la langue*, selon lequel, s'il existe plusieurs manières de raconter le passé, certaines sont moins mystificatrices que d'autres.

À condition toutefois de jouer cartes sur table. C'est pourquoi nous nous sommes imposé cinq critères, sorte de règle du jeu passée entre les auteurs et avec le lecteur. Celui-ci sera ainsi en mesure d'apprécier nos présupposés ontologiques – quel usage faisons-nous du biais rétrospectif et comment arrivons-nous à le déplacer ? – et épistémologiques – jusqu'à quel point le raisonnement uchronique peut-il être conduit ? Le premier impératif était de proposer un texte narratif, en identifiant clairement des acteurs historiques et en mettant en scène leurs décisions comme leurs faits. La deuxième condition était de partir d'un événement connu et d'utiliser ces ponts aux ânes historiques pour examiner un facteur particulier : la puissance militaire, la religion, la structure politique, la diplomatie, la situation des mœurs, etc. La troisième règle rompait avec la fiction : il fallait signaler explicitement le moment où nos récits bifurquent vers l'histoire potentielle, ainsi que l'amplitude et les limites de nos interventions. La quatrième était la plus délicate à mettre en œuvre. Nos récits devaient être vraisemblables et mobiliser, pour la transformation du passé, des références ou des modèles puisés dans les sources de l'époque étudiée. En un sens, nous devions nous tenir sur une ligne de crête, à égale distance entre ceux qui sont convaincus que l'histoire s'écrit sans « si » et ceux qui prétendent que toute allégation est défendable étant donné qu'on ne connaît jamais vraiment le sujet dont on parle. De cette manière, nos chapitres échapperaient au n'importe quoi. Car notre objectif n'est pas de produire du vrai ou du faux, mais d'inciter nos lecteurs à penser des alternatives crédibles, subissant à leur tour la pression des structures historiques, et ainsi de rendre leur poids perceptible. L'histoire potentielle ne se cantonne pas à l'analyse de représentations ou d'imaginaires. Elle rejoindrait plutôt le projet littéraire que Georges Perec et ses amis de l'Ouvroir de littérature potentielle avaient imaginé dès 1960 : ajouter des contraintes pour faire jaillir des inventions et des idées et, en retour, faire mieux ressortir les caractères du passé. Le cinquième critère dérive du précédent : quelle que soit l'entropie, le désordre que créent nos spéculations, elles n'interdisent pas à l'histoire que nous connaissons d'y trouver, en partie, sa place.

De cette manière, l'écriture de ces essais refait du passé un temps où tout était possible, un tronc d'où partait une infinité de branches. En somme, à Georges Perec qui évoquait l'histoire avec sa grande hache, nous répondons par une histoire avec des scies.

Chapitre premier

Et si nous ne descendions pas des Grecs ?

« Xerxès eût vaincu à Salamine, nous serions peut-être encore des barbares. » Voilà vingt-cinq siècles que les plus grands esprits, à l'instar de Voltaire, poussent un soupir de soulagement rétrospectif quand ils évoquent la victoire des Grecs sur la flotte du Grand Roi. Dans ce qui constitue le premier exemple d'histoire uchronique, Hérodote prétend que si les Athéniens n'avaient pas évacué leur province, s'ils n'avaient pas livré le combat de la dernière chance à Salamine en septembre 480 av. J.-C., alors c'eût été fini de la liberté des Grecs. Donc de la démocratie, puisque les mots « cité », « constitution », « vote » n'avaient pas d'équivalent en persan, ajoutèrent en chœur Thucydide et Platon. Et par là de la civilisation occidentale, complétèrent Hegel et Nietzsche.

Prenons-les au mot et imaginons Xerxès, assis sur son trône d'or, en train de contempler ses deux cents navires, une armada deux fois plus nombreuse que la flotte ennemie. Face à eux, la mer était vide. Faute de pouvoir livrer bataille dans le goulet de Salamine, là où leur capacité de manœuvre et leur tactique d'éperonnage auraient fonctionné, les Grecs avaient décidé de faire retraite vers Megara, avant de se disperser dans leurs cités, espérant contenir l'ennemi devant leurs murailles. Une victoire sans combattre donc, mais surtout le triomphe d'une stratégie. En trois mois de campagne, Xerxès n'avait commis aucune erreur : il avait conquis le nord du Péloponnèse à marche forcée avant que les Grecs se fussent coalisés, forcé le barrage des Thermopyles en trois jours grâce à un impeccable mouvement de contournement, ravagé Athènes dépourvue de ses défenseurs les plus vaillants et contraint la flotte grecque à rompre le combat au large d'Artémision. Sa démonstration de force avait convaincu les Grecs qu'il était illusoire de vouloir défier les Perses à armes égales ; sur terre comme sur mer, ceux-ci étaient trop nombreux, trop bien équipés, trop bien commandés. Imaginer qu'en pleine mer, leur double ligne de bateaux aurait pu dominer la triple ligne adverse, c'était en un sens aussi extravagant que de penser, en juin 1940, que la flotte française cantonnée en Méditerranée eût été capable de faire repasser le Rhin aux panzers de Hitler.

Alors, ils avaient essayé la ruse pour attirer Xerxès dans le piège de Salamine, là où ses bateaux embouteillés offraient une proie facile aux éperons grecs. Mais le Grand Roi s'était gardé de prêter l'oreille à cet étrange transfuge de la onzième heure, Sicinnos, venu lui annoncer l'imminente retraite des Grecs. Si ceux-ci voulaient s'enfuir, grand bien leur fasse, il appliquerait sa stratégie d'assaut indirect : il ravagerait les campagnes avec son infanterie, bloquerait les échappées navales au large des côtes et conquerrait la Grèce cité après cité. Ce ne sont pas les vingt-cinq mille hoplites athéniens qui lui barreraient le chemin. Aussi, pour afficher sa résolution, il aurait agi avec Sicinnos comme à l'encontre de ce satrape de Lydie qui avait sollicité une exemption militaire pour son fils : il l'aurait fait démembrer devant ses soldats, puis ceux-ci auraient défilé entre les bras et les jambes du traître plantés dans le sol, manière de signifier que personne ni rien, pas même les éléments, ne s'opposerait à sa conquête.

En face, Thémistocle était pris au piège de son argumentation. Il avait convaincu péniblement les Grecs de ne pas se retirer, en leur promettant que la bataille dans le goulet de Salamine les sauverait tous et que cette alliance de la dernière chance constituait la seule stratégie plausible. Il n'avait pas hésité à enrôler l'oracle de Delphes à son service en explicitant la prophétie de celui-ci au mieux de ses intérêts : « Zeus aux vastes regards accorde à Athéna qu'un seul rempart de bois soit seul inexpugnable, qui sauvera et toi et tes enfants. » Ce rempart, c'étaient forcément les navires, pas les fortifications des cités ; à preuve, Athènes ne venait-elle pas d'être brûlée ? Sauf que l'attitude du Grand Roi le plaçait devant un dilemme : soit il acceptait la bataille au large de Salamine et la flotte perse, une fois déployée, profiterait de sa supériorité numérique comme de l'excellence de ses capitaines, des mercenaires aguerris recrutés dans toute la Méditerranée orientale ; soit il renonçait et le repli exposerait Sparte et Corinthe à l'avance ennemie.

Nul doute alors qu'on aurait entendu les mêmes voix qui, six mois plus tôt, avaient plaidé pour un exode vers la Sicile et l'Italie du Sud. Après tout, Syracuse ne constituait-elle pas la plus importante cité grecque en Méditerranée occidentale ? Quinze ans plus tôt, les habitants de Milet, écrasés par l'infanterie perse, avaient cinglé vers l'ouest, jusqu'à Alalia en Corse, Zancle et Siris en Sicile. Ces cousins éloignés venaient de contrecarrer une invasion venue de Carthage en écrasant la flotte ennemie à Himera. Carthage était puissante et envisageait de conclure une alliance avec Xerxès ; les Grecs de Sicile ne seraient que trop contents d'accueillir des renforts. Cette fois-ci, le scrutin avait été sans appel : sur les tessons de poterie qui servaient de bulletins de vote, le nom de Thémistocle était apparu trop souvent. La démocratie avait tranché : plutôt l'exil que la défaite probable. Sans amiral – ostracisé, Thémistocle était banni pour dix ans –, pas question d'un combat perdu d'avance. En septembre 480, la civilisation athénienne mettait le cap sur la Grande Grèce.

Xerxès n'aurait pas pris la peine de les poursuivre. À quoi bon risquer l'aventure d'une longue traversée puis d'une campagne militaire pour s'approprier la Sicile, quand la conquête des riches cités grecques lui tendait les bras. Il aurait plutôt songé à organiser le lac perse qu'était devenue la Méditerranée orientale. Imaginer le destin de la Grèce n'est guère difficile : il aurait été comparable au sort des villes ioniennes après leur soulèvement de 499 contre ces mêmes Perses. Des milliers de soldats avaient exproprié les habitants. Les plus âgés et les moins vigoureux avaient été réduits à la condition d'esclaves, les jeunes châtrés puis expédiés à la cour du Grand Roi comme eunuques, les jeunes femmes convoyées jusqu'aux harems princiers et le reste déplacé de force sur les rives de la mer Noire. En lieu et place de la démocratie, une théocratie dans laquelle tous les sujets du souverain achéménide lui appartenaient ; pas davantage de propriété privée possédée par un citoyen libre, négociable et exempte d'impôts, mais l'autonomie sous la surveillance des satrapes arrivés de Persépolis. Au reste, c'était précisément le système instauré dans les régions soumises par la conquête, et il concernait déjà les quatre cinquièmes de la population grecque.

Confiné dans son réduit italique, isolé parmi les monarchies dominant la Méditerranée, le particularisme grec aurait sans doute été condamné à disparaître. Ce n'est pas la poignée de savants, de légistes ou de philosophes miraculeusement échappée du filet perse qui aurait pu organiser une Athènes en modèle réduit. À Siris ou à Syracuse, ils auraient certes construit une réplique du Parthénon, exactement comme Périclès s'appliqua à relever les temples brûlés par les Perses. Voilà qui aurait au mieux entretenu la nostalgie d'un âge d'or.

Car le déracinement sicilien aurait privé les Athéniens de la justification idéologique de leur supériorité : ils ne pouvaient plus se prétendre « autochtones », c'est-à-dire nés d'eux-mêmes et pour cette raison, sans égaux. L'invention géniale d'Eschyle, un demi-siècle auparavant, avait consisté à célébrer le culte d'Athènes en profitant de l'hommage rendu aux soldats morts pour la ville et d'en inférer une réciprocité entre les héros et la terre qui les avait enfantés. Cette sanctuarisation d'Athènes aurait disparu si l'exil s'était prolongé sur plusieurs générations ; l'embryon de « conscience nationale » ainsi tissé au fil des éloges funèbres aurait été coupé net. Plus d'histoire exceptionnelle, et donc plus question de distinguer des « bons » citoyens par définition supérieurs aux autres, ceux qu'on accueillait mais qui, incapables de raconter une histoire comparable, venaient d'un dehors nécessairement moins civilisé. La fuite en Sicile aurait marqué pour les Grecs l'équivalent de l'expulsion du paradis, mais celui-ci historique au lieu que religieux.

Il est alors tentant de se représenter ces derniers en train de fourbir leurs armes pour une *Reconquista,* tablant sur l'exaspération des populations restées sur place et soumises aux taxes comme à l'arbitraire de satrapes provinciaux. Mais pourquoi les Perses se seraient-ils embarrassés de tyrans locaux, une fois leur supériorité incontestée ? Comme en Ionie, ils auraient toléré des démocraties croupions, recruté des administrateurs, des diplomates et des conseillers grecs, en un mot encouragé le renouvellement d'une élite gréco-persane. Après tout, lors des guerres du Péloponnèse, le perse Tissaphernès, satrape d'Ionie, tenait bien la dragée haute à Alcibiade dans leurs échanges philosophico-politiques.

Tabler sur la chance offerte par des querelles successorales entre les prétendants au trône du Grand Roi n'est guère plus satisfaisant. L'empire du Ve siècle ne ressemble en rien à celui qui sera prêt à céder sous la poussée d'Alexandre, un siècle et demi plus tard. Certes, il y eut en 401 l'affrontement entre Artaxerxès et Cyrus. Celui-ci ne se serait sûrement pas privé d'alliés de circonstance, même grecs, pour renverser l'héritier légitime. Il aurait promis aux exilés de Sicile leur retour à Athènes pourvu qu'ils fournissent hoplites et navires. Sa défaite aurait opportunément délié les Grecs de leur engagement et Artaxerxès aurait été bien en peine de les expulser à nouveau faute de troupes, lui qui, en 399-395, dut pour ce motif renoncer à châtier les Spartiates. La belle affaire ! Ce n'était pas avec un contingent que les Athéniens auraient pu établir leur autochtonie : comme de vulgaires Romains contraints d'enlever des Sabines pour fonder une descendance, ils auraient dû se mélanger. N'étant plus les mêmes que leurs ancêtres, ils auraient perdu cette pureté fondatrice de leur supériorité postulée. Ils seraient devenus, au sens littéral, des aborigènes – des hommes sans origine.

Imaginons plutôt la Méditerranée transformée au nord en lac perse, des colonnes d'Hercule (l'actuel détroit de Gibraltar) au Bosphore. La civilisation occidentale, entendue comme le legs direct d'une alchimie gréco-romaine, était impensable. À Rome comme à Athènes, on aurait parlé araméen ou persan ; au reste, ces bourgades auraient dépendu de Syracuse ou de Corinthe. Le centre du monde se serait trouvé à Persépolis.

La partie n'était cependant pas jouée. L'idée de civilisation occidentale prend en effet son sens contemporain entre la Renaissance et la Révolution – industrielle, des Lumières ou politique. Elle suppose un effort continu pour affirmer un individualisme, agent d'une liberté de penser, de croire, d'entreprendre et de gouverner. En pratique, elle se veut une réponse à trois problèmes : le premier, économique, est d'obtenir une quantité croissante de ressources pour une population qui augmente ; le deuxième, religieux, est de se débarrasser des théocraties monarchiques ; le dernier, politique, suppose qu'au système d'interdépendance économique nécessité par la contrainte démographique, corresponde un système domestique et international de loi et d'ordre politique. Dans ce processus, le legs antique sert de justification à l'élan modernisateur. Non pas comme des tables de la loi, dans je ne sais quelle tentative délibérée de ressusciter artificiellement le bonheur du passé, sa beauté et sa grandeur, autrement dit de penser la vie en termes de livres. Au contraire, la référence à l'Antiquité est envisagée comme une sorte d'aide-mémoire à une réflexion tout à fait contemporaine ; les traces de l'ancien sont des débris grâce auxquels se devine la vie de ceux qui les ont façonnés. Mêlés aux matériaux contemporains, ils forment le ciment – forcément impur et donc tout sauf autochtone – de la pensée des Modernes.

Or en l'absence d'un lien grec, l'héritage perse aurait fourni une attache solide. N'était-ce pas Xerxès qui entreprit la conquête de ce qui restait encore indépendant dans le monde grec, afin d'imposer des relations politiques et économiques ordonnées à la Méditerranée orientale, schéma d'ailleurs ultérieurement copié par l'Athénien Aristide dans la Ligue de Délos en 478. Rien n'interdit non plus de penser que les Perses, pour unir, au motif de la raison d'État, leurs provinces contre des envahisseurs venus de Germanie ou d'Asie, auraient imposé une religion syncrétique associant les enseignements de la Bible avec ceux des *Gathas* zoroastriens[1], sous la houlette d'un Grand Roi et d'un clergé promettant récompense dans l'au-delà et fondant ainsi une théocratie impériale. On objectera à juste titre que les bazars d'Antioche ou de Byblos n'avaient rien à voir avec le capitalisme. Mais ceux du Pirée pas davantage. C'est là l'apanage des seuls Modernes.

Vu sous cet angle, si les Grecs étaient en avance, ils n'étaient pas les seuls. Puisqu'ils avaient su emprunter aux

1. Recueil de poèmes et de chants révélant le moyen de bien vivre et de rendre le monde meilleur. Ces hymnes sont le fondement de la religion zoroastrienne.

Égyptiens des principes architecturaux, aux Phéniciens une écriture, aux Orientaux des rituels ou principes de division monétaire, les Perses pouvaient se montrer aussi « bons élèves ». Sauf sur un point : la république. Pas question de citoyens dans l'Empire perse. Ni de l'acceptation commune et de la pratique d'une même loi pour tous, au nom de l'égalité entre les individus et, but suprême, de leur liberté.

Si l'on admet le caractère structurel des grandes migrations – invasions débutées au Ve siècle –, c'est la liberté des Germains qui serait devenue la nôtre. Un privilège de la noblesse qui s'impose par la force, mais suppose des limites – les fameuses « franchises », mot dérivé de franc – car, à la différence des royaumes autocratiques orientaux, le pouvoir central admet qu'il ne peut pas tout faire. Cette liberté-là, les hommes des XVe-XVIe siècles l'emploieraient à associer observations empiriques et emprunts technologiques afin de résoudre les problèmes que nous avons évoqués. La lettre de change, les sociétés par action, la caravelle ou le compas n'étaient que des moyens, mais la liberté qu'ils procuraient allait assurer la découverte puis l'appropriation du monde, selon la capacité d'adaptation et le libre-arbitre de ces conquérants.

En clair, l'Occident aurait ainsi échappé à l'obsession identitaire grecque et se serait passé de la culpabilisation chrétienne. L'intuition de Montesquieu se serait vérifiée : la liberté était bien née dans les forêts. Sans qu'il y eût besoin d'un quelconque parrainage grec ou romain, le parlementarisme représentatif, la séparation de l'Église et de l'État, le respect des droits individuels ou la dissociation du public et du privé se seraient imposés, sans doute un bon siècle avant les XVIIIe-XIXe. Cet Occident aurait été plus libéral et moins fraternel. En ce sens, il n'est pas interdit de penser que nous vivons aujourd'hui la « revanche des Perses ».

Chapitre 2

Ponce Pilate épargne Jésus

Pas question de libérer Barabbas. Certes, depuis bientôt un siècle qu'ils administraient la province de Judée, les gouverneurs romains avaient coutume de relâcher un prisonnier, la veille de la Pâque des juifs. Prétexte commode pour rappeler que le représentant de l'empereur détenait seul le pouvoir de vie et de mort, doublé d'une finesse démagogique puisqu'en général, il exauçait le vœu du peuple. Précaution utile à l'égard de gens prompts à secouer le joug romain, comme quinze ans auparavant lors du passage des légions de Germanicus en Syrie. Mais élargir Barabbas, c'était faire la publicité des voleurs, des pillards de caravanes, de tous ceux qui payaient mal ou pas du tout l'impôt dû à Rome et sur lequel le gouverneur émargeait.

D'autant que Ponce Pilate disposait d'un client idéal, ce Jésus le Nazaréen, entré à Jérusalem en marchant sur les manteaux de la foule et sous les ovations, à en croire un de ses partisans, Marc. Lui au moins exhortait ses coreligionnaires à « rendre à César ce qui est à César ». Certes, Caïphe, le grand prêtre, l'accusait de blasphème contre le temple de Salomon et parce qu'il était réputé s'être proclamé le messie qu'attendaient les Juifs. Mais, pour un Romain tel que Ponce Pilate, habitué à convoquer Esculape l'Égyptien quand il était malade, à sacrifier aussi bien à Isis qu'à Junon avant une naissance, c'était là une querelle de préséance et, sans doute, d'intérêt. Un rappel à la paix romaine saurait, avec quelques deniers trébuchants, l'apaiser.

À sa stupéfaction, rien ne se passa comme prévu. Lorsqu'il demanda : « Lequel voulez-vous que je relâche ? » ils répondirent : « Barabbas. » Il eut beau argumenter : « Quel mal Jésus a-t-il donc fait ? » Chaque fois, la foule exigea la crucifixion du prisonnier. L'impasse préoccupait d'autant plus Pilate qu'au début de son audience, une estafette lui avait transmis un message de sa femme ainsi libellé : « Ne te mêle point de l'affaire de ce juste ; car aujourd'hui j'ai été très affectée dans un songe à cause de lui[1]. » Aucun Romain ne se serait risqué à ignorer ces messages directs des dieux ; seul cet inconscient de Jules César s'y était essayé la veille des Ides de mars. On avait vu le résultat. Surtout, libérer Barabbas, c'était prendre le risque de déplaire à un personnage influent jusqu'à Rome, le préfet de l'annone, l'homme qui assurait l'approvisionnement en blé, principal accusateur de

1. Citations tirées de l'évangile selon Matthieu, 27.

Barabbas. Tant que les greniers étaient pleins, la plèbe murmurait mais n'agissait pas ; crucifier ce Jésus au risque d'une émeute frumentaire et d'un rapport rédigé contre lui par le préfet de l'annone, non merci.

Comme la foule s'impatientait, Pilate eut alors une inspiration : « Relâchez cet homme ; les coups et les crachats qu'il a reçus sont un châtiment suffisant. Qu'il soit reconduit sous escorte jusqu'en Galilée et qu'il y fasse là-bas ce qui lui plaira, sans jamais reparaître ici. »

Caïphe eut beau déchirer ses vêtements, la populace cessa vite de gronder après quelques moulinets de glaives. Quant à Pilate, après avoir rassuré son épouse, il prit soin de faire procéder, au nom de l'empereur Tibère, à une *sparsio* : on jeta des pièces à la foule. Il y eut quelques dizaines de blessés et beaucoup plus de satisfaits qui avaient même oublié le prétexte de cette soudaine générosité romaine.

De retour à Nazareth, Jésus aurait sans doute repris ses voyages prosélytiques. Matthieu l'évangéliste notait déjà avant son arrestation qu'il avait prêché à Tyr et à Sidon (aujourd'hui Saïda) sur les côtes de l'actuel Liban. De surcroît, sa réputation d'exorciste et de guérisseur aurait continué d'attirer les gens. Il n'aurait même pas eu à empêcher la concurrence. Marc raconte ainsi la perplexité des disciples après qu'à Carphanaüm, Jésus eut soigné un enfant épileptique – alors qu'eux-mêmes s'y étaient exercés en vain – puis ignoré les rodomontades d'un rival en démonologie que ses compagnons allaient rosser parce qu'il refusait de croire : « Ne l'en empêchez pas, car il n'est personne qui puisse faire un miracle en invoquant mon Nom et sitôt après parler mal de moi. » Au contraire, la répétition de ces épisodes aurait assuré sa publicité, car « qui n'est pas contre nous est pour nous[1] ».

À cela se serait ajoutée la ferveur de certains Juifs, au moins aussi nombreux que ceux qui continueraient de le tenir pour un dangereux agitateur, voyant en lui la réincarnation du prophète Élie et le prélude à la fin des temps. Entre ces derniers, les adeptes de Mithra en Syrie, ceux d'Osiris en Égypte, voire de Zoroastre en Perse, l'Orient ne manquait pas de fidèles sacrifiant à des cultes qu'on disait sotériologiques parce qu'ils étaient censés sauver l'individu de l'angoissante question de sa fin dernière et de ses suites. Sans crucifixion, c'est-à-dire sans la dimension eschatologique que donne au chrétien la certitude d'avoir une chance d'être racheté au jour du Jugement dernier, Jésus et ses adeptes seraient entrés dans la compétition de ces religions à mystères dont la vogue touchait alors jusqu'à Rome.

C'était là le danger. Gracié par l'autorité romaine, Jésus aurait bénéficié d'une protection tacite, à moins qu'un empereur se fût avisé de vouloir sacraliser sa personne et la dynastie qui devait lui survivre. Or c'est précisément ce qu'entreprit le successeur de Tibère, Caligula, à partir de 38, en commençant par faire diviniser sa sœur, à peine

1. Citations tirées de l'évangile de Marc, 9.

celle-ci morte. Il avait senti qu'il fallait à la fois réformer la politique impériale en privilégiant l'alignement sur les goûts de la plèbe plutôt que du Sénat (moyen de la tenir en laisse par du pain, des sports et des spectacles) et moderniser des dieux qui, comme le Jupiter du Capitole, n'étaient plus utiles, ni socialement ni politiquement. Or seules les religions venues d'Orient pouvaient désormais satisfaire les besoins du citoyen et surtout de l'État.

Six ans après sa grâce, Jésus se serait ainsi trouvé sous la menace d'une concurrence en reconnaissance d'amour paternel : le père de la Patrie contre Celui qui est aux cieux. C'est pourquoi les chrétiens contribuèrent à répandre la rumeur d'un Caligula fou. Qu'on en juge : les disciples, comme les Romains de la République, se donnaient l'accolade entre gens égaux ; en 39, Caligula exigea qu'on baisât le pied qu'il tendait : l'empereur n'était plus le premier entre les égaux, mais recevait des hommages rendus à un dieu. De là à imaginer qu'il veuille « transformer la statue de Jupiter Capitolin en y mettant sa propre image », il n'y avait qu'un pas. À l'hiver 39-40, la crise religieuse avait cristallisé et les Juifs en étaient les déclencheurs autant que les victimes.

À Alexandrie en effet, un autel consacré à l'empereur avait été détruit par des Juifs, suite à un imbroglio commercial avec leurs concurrents grecs. Rien n'interdit de conjecturer que des partisans de Jésus auraient voulu faire d'une pierre deux coups : abattre une idole païenne et, en bons Juifs, manifester leur hostilité contre un projet de religion impériale inacceptable pour eux. Rappelons qu'ils étaient déjà les seuls à refuser de prêter serment au nom de l'empereur. L'épisode de l'autel offrait pourtant un prétexte que Caligula ne manqua pas de saisir : il ordonna qu'on installe sa statue géante à l'intérieur du temple de Salomon, à Jérusalem. En clair, blasphème suprême contre les Juifs, mais aussi avertissement à toutes les sectes religieuses : l'empereur vient quand (et où) il veut. Jésus aurait évidemment protesté… et se serait attiré ce commentaire de Caligula sur les Juifs « plus malheureux et sots que pervers puisqu'ils ne croyaient pas qu'il avait hérité la nature d'un dieu ». Au mieux, il aurait été traité comme le philosophe Philon, venu d'Alexandrie plaider la cause des siens jusqu'à Rome : après des semaines d'antichambre, il se serait vu infliger une conversation-promenade avec l'empereur, aussi loufoque que celle rapportée pour Philon par l'historien Dion Cassius et qui ressemble à un sketch comique. Plus vraisemblablement, Jésus aurait compté parmi les victimes de la reprise en main conduite sur place par les troupes du gouverneur Petronius.

Admettons donc pour notre propos que, bien aidé par l'assassinat de Caligula fin 40 à la veille de son départ pour l'Orient (on disait alors à Rome « pour se faire égyptien », c'est-à-dire comme un souverain divinisé ; beau prétexte pour un hypothétique complot des vieux Romains républicains ou des Juifs inquiets de voir débarquer un tel concurrent…), Jésus aurait survécu. Alors, il se serait trouvé devant une perspective prometteuse. Car, depuis sept ans désormais et avec ou sans crucifixion et pentecôte, la stratégie de conversion des païens par la parole et les guérisons aurait mécaniquement permis de grossir les troupes. Même si la structure égalitaire de départ, autour des douze premiers disciples, avait été modifiée pour tenir compte de cet afflux, ce qui aurait sans doute précipité une hiérarchisation des responsabilités et des tâches, difficile à faire admettre à un leader refusant la violence et les rapports de force.

La conclusion est facile à imaginer : les « hérésies » auraient débuté avec un siècle d'avance. Et, pour le coup, vu les transformations orales subies par la parole de Jésus et l'habitude des communautés de faire écrire leurs textes particuliers, Irénée, évêque de Lyon vers 200, célèbre pour les cinq tomes de sa *Réfutation de la fausse gnose*, aurait dû doubler la dose. Sauf que personne n'aurait parlé d'hérésies, mais de controverses talmudiques entre les « petits-enfants de Jésus », tous ces arianistes, nestoriens, monophysites et autres donatiens capables de s'étriper sur le rapport précis entre la parole du Maître et celle de Dieu, comme leurs ancêtres au temps d'Élie…

Ils seraient juste allés un peu plus loin que la diaspora des temps héroïques. En Éthiopie, en Arménie, jusqu'à la vallée de l'Indus puis en Irlande et, plus tard, en Chine. Là où se repèrent aujourd'hui les traces des premiers chrétiens. Et l'histoire de Jésus aurait commencé à se fondre dans une tradition à la fois mythique et religieuse. Beaucoup de choses auraient évidemment dépendu de la date et des conditions de sa mort. Imaginons qu'il ait fini ses jours vers l'an 90, en ermite du désert, à la manière d'Antoine ou de Jérôme. Alors, la gnose aurait été non seulement multipliée, mais concurrentielle : ce même Irénée, formé par Polycarpe de Smyrne – élève de l'apôtre Jean – aurait été dans la même position que les historiens qui racontent aujourd'hui la Première Guerre mondiale. Il aurait sans doute écrit une sorte d'évangile critique, prenant en partie le contre-pied de celui de Jean.

La suite aurait découlé d'une vulgaire question d'offre et de demande : parmi ces boutiques religieuses, laquelle aurait proposé les perspectives d'outre-tombe les plus intéressantes et surtout les plus durables ? Car en cette matière, la mode ne compte pas : au milieu du IVe siècle, note le patriarche Jérôme, tout le monde ou presque se réveillait arianiste ; cinq cents ans plus tard, on n'en trouvait plus qu'au fin fond des Carpates. Compte tenu des caractéristiques observées à l'époque, trois raisons militent pour un avantage comparatif décisif de Jésus et des siens. À commencer par la chaîne de commandement, à la fois réduite à douze personnes (en dehors de Jésus) mais à l'effet multiplié par la prédication de ces douze, un « commando » si l'on veut. Les recrues connaissaient forcément au moins un des apôtres et cela pendant de longues années. Ensuite, le fait que Jésus eût échappé à la crucifixion ne l'aurait nullement empêché de se prétendre le Messie, donc de conserver le même discours salvateur, à l'origine de sa popularité. Enfin, ses sermons l'auraient fait assimiler à la longue lignée des prophètes et des missionnaires juifs de la diaspora qui annonçaient, depuis des siècles, le temps de la réconciliation entre tous les fils d'Abraham.

Dans ces conditions, le principal obstacle aurait une nouvelle fois été Rome : sans Jésus en clef de voûte d'un système politico-religieux, à quoi bon se convertir au judaïsme pour un empereur comme Constantin ? Face à la menace venue d'Asie, il avait besoin d'une double structure pyramidale enserrant son peuple jusque dans sa manière de prier, ce que l'on a appelé le césaro-papisme. Quelle qu'eût été la popularité et l'audience des héritiers de Jésus, elles n'auraient en rien justifié une conversion généralisée. Tout au plus Constantin aurait-il sans doute ouvert une synagogue à Rome puisque le judaïsme aurait été, depuis trois siècles, la religion conquérante en Méditerranée. Quant à Byzance, elle n'aurait jamais existé. Et pas davantage les croisades. On devrait toujours écouter sa femme…

Chapitre 3

Les Arabes triomphent à Poitiers

Ce fut un combat comme Charles Martel en livra huit en six ans contre tous ses voisins, Frisons, Saxons, Bourguignons ou Aquitains. On ne sait si les soldats d'Abd Al-Rahman revenaient d'une énième razzia sur les bords de Loire ou s'ils se dirigeaient vers le sanctuaire le plus célèbre de la France du Nord, Saint-Martin de Tours et ses richesses. En tout cas, ils ne constituaient pas l'avant-garde d'une Grande Armée arabe venue conquérir puis s'installer au sud de la Loire. Ils étaient tout au plus quinze mille, comme leurs adversaires, et l'affrontement n'a sans doute pas fait plus de mille cinq cents victimes au total. Gonflés par la rumeur de la victoire chrétienne, les chiffres avancés par les chroniqueurs du VIIIe siècle sont sans commune mesure avec les multitudes évoquées lors de chocs décisifs, par exemple à la bataille des champs Catalauniques où, trois siècles auparavant, Attila avait fossoyé ses ambitions de conquête européenne. On a aussi discuté de la date – 732 ou 733 ? – avant de trancher pour le 25 octobre 732, à Moussais, près de Poitiers.

Rien à voir donc avec le coup de tonnerre que constitua la chute de Rome ou de Byzance. C'est cela que la mémoire des peuples retient : le moment où les murs s'effondrent et, avec eux, les portes des cités, gardiennes symboliques d'un ordre. Les historiens, eux, repèrent le moment où ont sauté les gonds, parfois des décennies avant qu'une troupe de sac et de corde ne s'arroge le prestige d'avoir ruiné un trône multiséculaire. Ainsi, c'est à la bataille d'Andrinople, le 9 août 378, que la défaite imprévue et impensable de l'armée romaine devant des « barbares » anéantit le dogme d'un empire invincible et d'une capitale inviolable. À Poitiers, l'enjeu est du même ordre. Une victoire ouvrirait aux musulmans la route terrestre vers la « Grande Terre », c'est-à-dire un chemin pour atteindre Byzance par l'Europe et prendre en tenaille l'empire chrétien d'Orient. Leur défaite reporte ce projet de conquête *sine die*, faute de ligne de communication viable ; en un sens, l'événement produit, côté arabe, un peu le même effet qu'en 1940, la bataille d'Angleterre dans l'esprit des généraux allemands : elle les détourne de leur objectif stratégique initial et les laisse, un temps, sans solution de rechange.

On se doute qu'une telle bifurcation est pain bénit pour le raisonnement uchronique. Cela n'a pas échappé à Edward Gibbon, dans sa monumentale *Histoire du déclin et de la chute de l'Empire romain* : « [Si les Arabes avaient gagné à Poitiers,] leur campagne victorieuse de mille huit cents kilomètres depuis Gibraltar jusqu'aux rives de la Loire se serait poursuivie et, au terme d'une avancée de même distance, les aurait conduits aux frontières de la Pologne et de l'Écosse. Le Rhin n'est pas un obstacle plus difficile à franchir que le Nil ou l'Euphrate et la flotte arabe aurait cinglé, sans même un combat naval, vers l'embouchure de la Tamise. L'interprétation du Coran serait aujourd'hui enseignée dans les collèges d'Oxford et leurs professeurs expliqueraient à des étudiants circoncis le caractère sacré et véridique de la révélation de Mahomet. » Poitiers constituerait de la sorte le premier choc entre civilisation chrétienne et musulmane.

Or la situation au tournant du VIIIe siècle rend l'hypothèse de Gibbon plausible. Les Francs se trouvent en effet accaparés par de multiples conflits frontaliers, résultats d'une guerre des chefs interminable depuis la mort de Clovis. Charles Martel, maître de l'Austrasie (en gros les pays du Rhin plus l'Auvergne et le Limousin), entend se débarrasser d'un rival, maire du palais comme lui – l'équivalent d'un chef à la fois politique et militaire –, Rainfroy, qui est installé entre Escaut, Meuse et Loire. Derrière celui-ci se profile un concurrent d'un autre calibre, Eudes, duc d'Aquitaine, célèbre dans toute la chrétienté depuis son succès de 721 contre les troupes arabes et berbères de As-Sanh ibn Malik. L'infanterie d'Eudes avait été la première à défaire la cavalerie musulmane, ce qui était jugé impossible. Eudes, assis sur une principauté prospère, agit à sa guise en véritable « roi » d'Aquitaine. Aucun souverain franc ne s'est risqué sur ses terres depuis 660. En fin diplomate, il se paie le luxe de donner sa fille en mariage à un prince musulman et, selon une source de l'époque, de conclure une alliance avec le chef berbère Munuza, ancien capitaine d'ibn Malik qui, se jugeant mal récompensé de ses prouesses côté arabe, entend se tailler un fief dans les Pyrénées.

Voilà Eudes exposé à une offensive simultanée sur deux fronts. Charles Martel prend prétexte des accords passés par Eudes pour intervenir en Aquitaine et se placer en vrai défenseur de la chrétienté ; Abd Al-Rahman, successeur d'ibn Malik, fait de même côté musulman en invoquant la trahison de Munuza avec la complicité d'Eudes. Après avoir soumis les Berbères et tué Munuza, celui-ci bat Eudes devant Bordeaux et, en l'absence de toute opposition, poursuit son avancée vers les greniers à blé et à or de Touraine. Pour le duc d'Aquitaine, l'heure du choix est arrivée : soit il fait allégeance au duc des Francs, au risque de perdre son indépendance, soit il conclut une trêve avec Abd Al-Rahman en tablant sur une suzeraineté géographiquement lointaine et politiquement accommodante, pour prix de son absence à Poitiers.

Admettons qu'il ait choisi la seconde option ; le combat eût changé d'âme. Moins en raison d'un rapport de force inégal qu'à cause de l'expérience des Aquitains face aux archers montés andalous. Poitiers fut tout sauf une escarmouche de hasard. Les Francs adoptèrent une position défensive avantageuse, adossés à une boucle de rivière, ce qui leur permettait d'installer leurs phalanges de fantassins et de présenter une succession de carrés disposés en éventail, avec des réserves pour chaque carré, moyen efficace de combler les vides creusés par les poussées de la cavalerie adverse. L'obstacle de cette phalange à la romaine était si sérieux que, selon les chroniqueurs du temps, Abd Al-Rahman étudia six jours durant la position avant de se lancer, sans parvenir à disloquer les carrés francs, malgré plusieurs incursions dans leurs rangs. Or qui soutint le choc en première ligne, réussit à maintenir le lien avec les réserves puis à refouler les chevaux, déclenchant la confusion et la retraite chez les musulmans, sinon les Aquitains d'Eudes, au prix de leur décimation ?

Sans ces derniers, la décision eût sans doute été favorable aux assaillants. Imaginons alors qu'au lieu d'Abd Al-Rahman, tué tandis qu'il rameutait ses troupes, ce soit Charles Martel qui ait succombé. Devant les vainqueurs se serait ouverte une route dégagée d'ennemis, non plus jusqu'à Tours mais à Paris. On ne voit pas pour quelle raison Abd Al-Rahman aurait agi différemment de ses prédécesseurs lorsqu'ils avaient pris pied en Espagne, vingt ans auparavant. Le raid initial serait devenu guerre de conquête.

La tentation aurait été d'autant plus forte que la défaite franque aurait ravivé les querelles successorales et les appétits des voisins. Ni Thierry IV, roi soliveau de 20 ans, ni Pépin le Bref, alors âgé de 18 ans, n'auraient pu prétendre rassembler les barons du royaume. Au mieux, Childebrand, frère de Charles Martel et soldat aguerri, aurait organisé une ligne de défense au nord de Paris, appuyé par Carloman, frère aîné de Pépin. Mais ni l'un ni l'autre n'incarnait une légitimité capable de fédérer un moment l'Austrasie et la Neustrie contre le péril. Encore moins étaient-ils en mesure de déloger les Arabes d'Avignon et du couloir rhodanien (ce que fit Charles en 737), voire de les repousser au-delà des Pyrénées. Pourtant, imaginer une irrésistible poussée arabe, alimentée en hommes depuis Damas puis Bagdad, revient à dupliquer le schéma des invasions mongoles en 1209-1242 et à postuler que l'armée d'Abd Al-Rahman était moderne – en raison de sa vitesse de déplacement, de sa capacité de manœuvrière et de sa discipline – face à des troupes lourdement équipées, lentes puisqu'elles comportaient surtout des fantassins et dépourvues d'un commandement unifié après la disparition de Charles Martel, bref « médiévales » au sens péjoratif que le terme a pris dans le langage courant.

Aucun élément disponible ne valide cependant la fiction d'une Europe chrétienne recroquevillée sur elle-même, y compris dans l'hypothèse d'une défaite à Poitiers. On avance parfois pour la justifier la fin de son commerce en Méditerranée, mais celui-ci avait commencé de fléchir dès le VIIe siècle et était avantageusement remplacé par l'itinéraire Meuse-Rhin-mer du Nord-Baltique-Caspienne-Bagdad. Cette Europe-là exportait poteries, verreries, armes, fourrures et esclaves. Verdun était à cette époque le premier marché aux esclaves du monde connu. Elle achetait tissus, épices et céréales pour un volume d'échange de toute façon modeste, avec ou sans conquête arabe. Celle-ci aurait certes accéléré le passage d'un habitat rural dispersé au regroupement derrière des murailles urbaines ou à l'abri d'un fort. Mais cette transformation du paysage n'impliquait nullement qu'on oubliât l'héritage romain. Au contraire, la menace musulmane aurait plutôt anticipé l'énorme travail d'exhumation entrepris, dans la réalité, au XIe siècle. Les mythes de l'âge d'or romain – républicain, impérial ou chrétien – auraient été mobilisés dans ce qui aurait ressemblé à une renaissance : redécouverte des textes esthétiques écrits par Cicéron ; compilations de droit romain à l'exemple de ce que fut, au XIe siècle, le *Décret* de Gratien ; diffusion de la pensée des Pères de l'Église – saint Augustin en tête. Aux alentours du Rhin se seraient ainsi articulés pour plusieurs siècles deux Europe, selon un dispositif qu'il est tentant de rapprocher de notre moderne guerre froide.

Dans ces conditions, deux histoires potentielles se présentent. La première, maximaliste, suppose de reconstruire le récit de cette période en partant d'un postulat contemporain, forgé très précisément pendant la guerre froide : Al-Andalus aurait constitué le prototype de nos sociétés métissées où des croyants vivraient en bonne intelligence et où les peuples profiteraient de la prospérité que les récits du temps, même chrétiens, accordaient à l'émirat de Cordoue, « cet ornement du monde », selon une nonne du Xe siècle. Francs, Burgondes ou Aquitains seraient devenus mozarabes : en échange de la domination acceptée de l'islam, ils auraient bénéficié d'une liberté de culte. Pour assurer l'administration d'un si vaste royaume, on peut envisager un système proche du *devchirmé* instauré par les Ottomans à partir du XVe siècle : des garçons chrétiens enlevés à leur famille, à raison de quelques milliers tous les cinq ans, convertis de force à l'islam, ayant appris l'arabe et destinés aux meilleurs postes du gouvernement ou de l'armée. Cette ponction aurait façonné une élite non héréditaire et sans liens familiaux, solution astucieuse pour maîtriser des territoires aux particularismes si multiples.

Mais la réussite reposait sur la réputation postulée d'Al-Andalus à nourrir abondamment ses sujets grâce à des techniques et à des produits inconnus sur le continent. Des entrepôts de Cordoue ou de Valence, tenus pour les cavernes d'Ali Baba, sortaient des marchandises capables d'assurer la paix civile. Au goût acide des repas se seraient aussi substituées des saveurs parfumées – safran et ambre, menthe, coriandre ou cannelle – et sucrées – la canne à sucre fait son apparition en Andalousie vers 756-760. Et les Francs auraient d'autant plus volontiers adopté les *awaymait* (boulettes) et les *mackaroun* (beignets) que ces pâtes frites avaient été empruntées par les musulmans aux chrétiens d'Orient qui les préparaient pour l'Épiphanie. À cette civilisation de la douceur de vivre n'auraient évidemment pas manqué des règles de civilité et d'hygiène, contrastant avec les habitudes carnassières et l'appétit d'ogre des Européens d'outre-Rhin. Dans cette perspective, l'introduction du dentifrice à Cordoue, *via* le musicien Ziryab, aurait symbolisé l'alliance du savoir-vivre et du savoir-penser.

Rien ne se serait opposé à l'éclosion d'une renaissance sous patronage moyen-oriental. Les Européens auraient bénéficié des apports de la science arabe en mathématiques, en astronomie, en optique après les travaux d'Alhacen ; en médecine avec Avicenne et Rhazès ; en botanique avec Al-Biruni ; en philosophie grâce encore à Avicenne. Soit un transfert de connaissance et de technologie sans précédent depuis la découverte de la pensée grecque par les Romains. Ce syncrétisme arabo-européen aurait trouvé sa figure héroïque avec le *Cid Campeador* dont le surnom vient de l'arabe (*sidi* donnant Cid, « Seigneur ») et de l'espagnol *campeador* (« guerrier magnifique »). Rodrigo Díaz de Bivar servit en effet tour à tour le roi Alphonse VI, le « roi » de Saragosse, musulman, à nouveau Alphonse VI puis le « roi » de Valence qu'il défend contre ses coreligionnaires « puritains » – entendons obscurantistes – almoravides. Le condotierre, avide d'exploits à accomplir et de récompenses plus morales que financières – sans se soucier de la religion qu'il sert –, aurait incarné la métonymie d'une société presque multiculturelle.

La seconde hypothèse repose sur une modification minimale des paramètres après Poitiers. Autrement dit, sur une communication réduite aux aguets entre les envahisseurs et leurs nouveaux sujets, comme entre les deux Europe. Au lieu de la communauté religieuse harmonieuse aurait régné une hiérarchie imposant aux chrétiens comme aux juifs des contraintes fiscales, interdisant tout prosélytisme et les obligeant à modifier leur rituel, cause ultérieure de condamnation par le pape Grégoire VII. Sujets de seconde classe, comme les juifs, on imagine mal pourquoi les chrétiens auraient été appelés à concourir au rayonnement du califat. D'autant que ceux-ci ne s'intéressèrent au Coran qu'au XIIe siècle, sous l'impulsion des moines clunisiens, et qu'il fallut attendre les travaux du cardinal de Cuse, au XVe siècle, pour lire une étude documentée. Le Coran serait vraisemblablement resté une sorte de catalogue mystérieux d'obligations et de discriminations, exhumé sitôt qu'il se serait agi de condamner le dogmatisme des musulmans. La théocratie pratiquée à Cordoue avait beau être ni moins ni plus accommodante que la chrétienne, elle était celle des conquérants.

De ce point de vue, imaginer les hommes d'Abd Al-Rahman se comporter et être reçus comme des Romains du temps de César semble une vue de l'esprit. Puisque les vainqueurs n'avaient pas à s'encombrer de structures hiérarchiques, à ménager grands féodaux, dignitaires de l'Église ou privilèges des villes, pourquoi se seraient-ils préoccupés de littérature, d'histoire, de philosophie grecques à préserver, transmettre et amalgamer, avec leurs préoccupations, tout autres ? Quant aux Francs, ils se seraient souciés comme d'une guigne de cet héritage culturel alors qu'ils se seraient accommodés de leurs nouveaux maîtres et, au mieux, intéressés aux textes des premiers chrétiens et aux prescriptions diétético-alimentaires. Et encore, avec circonspection, si l'on se fie à la répulsion européenne du temps vis-à-vis de l'épinard – « ce balai de l'estomac proprement dégoûtant » – ou du couscous, bouillie trop rustique par la grosseur des grains, la cuisson à la vapeur et les « humeurs crues » qu'elle déclenche ; nourriture qui vient de trop loin – les déserts africains *via* les Berbères – et de trop bas – les nomades. Les frontières alimentaires peuvent être plus solides que les lignes militaires.

Au moins jusqu'à l'an mil et au remue-méninges que son approche suscite, les hommes de l'ancienne « France » capables de s'intéresser à la philosophie ou à la science arabes étaient sans doute une poignée, encore plus légère que celle qui regardait vers Byzance, sans en tirer grand-chose. Où auraient alors été les universités dignes de la Sorbonne du XIIIe siècle alors qu'il n'y avait ni clients potentiels, ni corpus commun – sauf Aristote à la rigueur –, ni surtout visée idéologique partagée ? Comment des chrétiens auraient-ils pu considérer la grande mosquée de Cordoue comme une université, alors qu'on y enseignait l'exégèse coranique, qu'on y discutait rationnellement des moyens de trouver des règles juridiques capables de concilier principes de la révolution coranique et réalité concrète ? Les soixante-dix bibliothèques de Cordoue et leurs quatre cent mille volumes auraient été de maigre utilité pour des Francs et des Aquitains bien en peine d'y trouver des racines culturelles. *A fortiori*, si les Omeyyades avaient été évincés du califat par les Almoravides ou des Almohades fort peu désireux d'une percolation entre Islam et Europe.

La suite aurait pris des allures d'une course de vitesse entre deux ensembles à la fois concurrents et adversaires, en même temps que soumis à une pression démographique constante. Sur les frontières, intrusion des Vikings au nord, poussée des Berbères, des Africains, et des nouveaux maîtres de Bagdad au sud, puis menace des Mongols sur les limites orientales des deux camps. À l'intérieur, émergence de potentats locaux et fragmentation de fait du pouvoir. Aurait prévalu la logique du choc des civilisations où le moindre prétexte – la religion, la faim – aurait justifié l'affrontement entre « nous » et « les autres ». D'un côté, une Europe centrale obnubilée par sa peur obsidionale se serait évertuée, *via* Venise et Byzance, à déplacer le combat vers la Méditerranée orientale ; de l'autre, une Europe musulmane se serait persuadée que la stabilité politique obtenue après Poitiers nécessitait une expansion continue vers l'est, moyen de couper la route de Byzance et de Bagdad aux peuples d'Asie et de nourrir ses sujets par les fruits de la conquête.

Qui se serait alors soucié de voguer vers les terres inconnues de l'ouest ? Ce n'était pas une question de moyens : les marins omeyyades avaient démontré leur excellence en poussant leurs navires jusque dans l'océan

Indien. Mais de désir d'entreprendre, mû par la recherche du profit. Sans découplage entre religion et conduite individuelle, sans la conviction lentement forgée qu'il n'y a de raison et de justice que dans les principes de la liberté, l'Europe n'eût connu ni décollage commercial ni industriel. D'ailleurs, elle ne se serait même pas appelée Europe puisque l'expression, inventée par l'érudit Francis Bacon en 1623, présumait que chaque Européen connût son identité, les différences nationales avec ses voisins et ce qu'ils avaient en commun. Cela n'aurait nullement exclu la recherche du bien-être puisque chacun aurait appris à compter d'abord sur ses propres forces et à se réinventer pour tenir la dragée haute à l'adversaire. Mais nous ignorerions sans doute le sens du mot moderne.

Chapitre 4

Jeanne d'Arc meurt à Orléans

Le 8 mai 1429, Orléans assiégé tente d'attaquer la principale bastille anglaise qui empêche son ravitaillement. La prise de la gigantesque construction qui fait face à la ville est si vitale que le roi de France a envoyé des renforts commandés par Jeanne d'Arc et Dunois. La veille, ils ont remporté un grand succès. Mais un nouvel effort est nécessaire.

L'assaut est lancé depuis peu quand Jeanne d'Arc, s'approchant du théâtre du combat, ressent une violente douleur à la poitrine. Une flèche tirée depuis le fort anglais l'a transpercée. Le sang coule en abondance de la plaie. Ses proches la recueillent alors qu'elle tombe à la renverse. Pâle plus qu'à l'habitude, la jeune femme veut les rassurer, mais nul son ne sort de sa bouche, déjà encombrée, tant l'hémorragie est soudaine. Elle se souvient que le Christ a saigné sur la croix. Le médecin appelé à la hâte voit avec terreur l'héroïne qu'il pensait immortelle écrasée sur le sol. Il fait de son mieux pour ôter le trait et placer des tissus huilés afin d'empêcher les plaies de saigner. Il incline la tête car il espère éviter un étouffement. À cet instant, un Gascon qui a ramassé l'étendard resté à terre s'approche. Jeanne veut lui dire d'avancer, de poursuivre l'attaque et qu'aussitôt que sa bannière touchera le rempart, la victoire sera donnée à la France. Mais le souffle lui manque. Une larme coule de ses yeux avant qu'elle s'éteigne. Ainsi commence un autre parcours de l'histoire de France, car ce décès prématuré change la physionomie de l'époque en un instant.

Demeuré indécis, le Gascon comprend en effet le drame qui vient d'advenir et, soudain, se met à courir en hurlant que tout est perdu, que la bonne Pucelle n'est plus. Les combattants français sont pourtant proches de la victoire. Encore un effort et ils prendraient le chemin extérieur de cette satanée bastille, où s'est retranché le gros des troupes anglaises, qui mène le siège de la ville d'Orléans. Victor Hugo écrirait que le cri de désespoir changea l'âme de la bataille. En un instant, les épées se font plus lourdes aux mains des Français. Les capitaines essaient de maintenir les lignes, de motiver la troupe. Rien n'y fait. La vague de reflux ne se heurte pas comme la veille à l'énergie d'une guerrière nourrie de sa propre légende pour renverser le cours des événements. Les Anglais tiennent bon. La retraite française a des allures de débandade. Bientôt retranchés derrière les murs de la cité, La Hire et Dunois décident qu'une nouvelle tentative aura lieu le lendemain. La nuit se passe en une longue veillée funèbre. Dans les rues d'Orléans, le peuple pleure, comme s'il pressentait les tourments que le royaume allait vivre. Comme s'il devinait aussi que le siège ne serait plus levé et qu'il faudrait bien songer à parlementer et à se rendre à l'ennemi.

Bien sûr, l'ultime tentative ne donna rien. Elle laissa sur le champ une partie de l'armée royale, affaiblit la garnison et brisa le moral de la ville. Ces satanés *Godden* avaient mis à profit la nuit pour renforcer leur position en faisant converger les troupes d'un autre fort. Ignorant la manœuvre, les Français avaient été bernés et vaincus. Le siège continuait. Combien de temps le verrou orléanais tiendrait-il ? Les assiégés avaient déjà envoyé des messagers au duc de Bourgogne pour obtenir son intercession. En sous-main, ils contactaient aussi Salisbury, afin de ne pas perdre les dernières troupes royales…

Charles VII, apprenant la double nouvelle de la mort de la Pucelle et la poursuite du siège, avait accusé ce nouveau coup du sort d'un mot : « Dieu me garde. » Tant d'efforts et d'espoirs brisés ! Il comprit qu'il lui faudrait revenir sur les bases les plus fiables de son pouvoir et se tourna vers ses vieux conseillers dont plusieurs avaient servi ardemment le clan Armagnac au point de menacer son propre pouvoir. Mais l'instant était trop grave pour tergiverser. Le conseil qui se tint à Gien rassemblait les plus grands barons du parti royal. Les Anglais n'avaient pas encore reçu le secours d'une nouvelle armée. Ils demeuraient faibles. Mais l'ost de Charles VII l'était plus encore et ignorait sa capacité. De plus, les caisses étant vides, il fallait trouver de nouveaux subsides pour entretenir les troupes et leur fidélité.

Le sacre ? Il en fut question. Arrivé en hâte, Renault de Chartres, l'archevêque de Reims, ferme soutien de Charles VII qui en avait fait son grand chancelier, préconisait de l'organiser promptement. Si gagner Reims était difficile sans une forte suite, il pensait que l'on pourrait conduire la cérémonie dans une autre ville en maintenant strictement le cérémonial. Lyon serait adapté. Deux papes y avaient été intronisés. Pourquoi pas un roi ? Christine de Pisan, la grande poétesse qui avait brièvement croisé Jeanne, scrutait les astres en attendant un autre signe du ciel. Les lys, écrivait-elle, sont des signes divins. Or les lys viennent du sud. La voie de la renaissance se trouvait dans cette direction. Le conseil comme le roi hésitaient, voulant maintenir la légitimité du sacre dans son entier et préserver au Nord ce qui pouvait encore l'être de l'héritage des Valois.

En août 1429, Orléans se rendit aux Anglais, moins par faiblesse militaire que par lassitude des habitants. Le peuple avait chassé la garnison royale lors des fêtes de la Vierge. Le Bourgeois de Paris, chantre du parti bourguignon pour l'heure favorable aux Anglais, adversaire résolu du parti armagnac passé au service de Charles VII, exultait dans son *Journal* à cette nouvelle. Car la ville, pour éviter le pillage, avait obtenu la protection du duc de Bourgogne.

Dans l'urgence, Charles VII prit sa décision. Il quitterait Bourges, trop exposé aux troupes anglaises qui risquaient maintenant d'établir une jonction durable entre leurs fiefs normands et bordelais. Il irait au sud et prendrait Lyon pour capitale. En ce lieu, il réunirait les États pour lever de nouveaux impôts en invoquant l'aide au cas de guerre. Il faudrait que ses bonnes villes de Languedoc, que ses paysans, que ses ecclésiastiques et même son aristocratie paient à nouveau pour la guerre.

La réunion des États fut la grande affaire de l'année 1430. Dans un contexte de disette, la levée de nouveaux impôts soulevait d'énormes difficultés. Clergé et villes se reprochaient mutuellement leur réticence, tout en se livrant à une étrange course d'influence sur le roi pour obtenir des exemptions. Des provinces montait un mécontentement dont la rumeur résonnait au palais.

Pourtant, l'emprise anglaise sur le nord du pays était inégale, car les occupants manquaient de troupes. Le jeune roi Henri VI d'Angleterre et son régent, le duc de Bedford, n'en recevaient pas suffisamment pour tenir le pays : la chevalerie anglaise ne gagnait plus assez d'argent en pillages pour prendre la mer. Bedford et ses hommes n'en étaient pas moins arrogants. Ils refusaient de céder de nouvelles places et terres au duc de Bourgogne, leur allié, qui pouvait seul leur apporter les renforts manquants pour contrôler le territoire. La victoire d'Orléans leur était montée à la tête. Devant la faiblesse française, Philippe le Bon comprit que l'heure était venue de pousser son avantage et de voir si son cousin Charles VII serait plus généreux qu'eux. Son offre fut bien reçue. Le rusé Bourguignon obtint la promesse d'une bonne partie des terres à reconquérir en lieutenance générale pour le compte de Charles VII. Nul n'était dupe : le roi de France cédait en fait les parties les plus proches de la Comté, de Bourgogne et des Flandres afin de hâter la fin de l'occupation et de réduire la présence anglaise. La décision eut pour effet indirect de rendre plus cohérente la constitution de l'État bourguignon, ancêtre de la Belgique, et d'asseoir son emprise sur les places fortes du nord de la France. La Belgique serait donc aujourd'hui un État plus vaste, en dépit des guerres de reconquête et des conflits qui n'auraient pas manqué de survenir aux temps modernes. La reconquête de Paris se serait effectuée rapidement, grâce au compromis bourguignon. Le roi de France aurait pris cinquante ans plus tôt la décision stratégique de se tourner vers l'Italie, effet secondaire du rééquilibrage du royaume vers le sud.

La guerre et sa poursuite dévoraient donc le pays, en dépit des alliances. Les chefs de guerre pendant dix ans encore se livrèrent aux pillages et rapines qui accrurent les souffrances d'un peuple rendu exsangue par la fiscalité et qui cherchait espoir dans de faux prophètes d'autant plus nombreux que le schisme de l'Église catholique troublait encore les esprits. Désolation des corps, délaissement des âmes.

C'est alors qu'il s'avança. Il marchait à pas longs et lents, comme frappant le sol pour affirmer sa dignité. Ses cheveux blancs tombaient sur ses épaules et dépassaient du chapeau de berger qui couvrait sa tête en ce froid printemps. Son nom, inconnu de tous au début de sa marche, quand il quitta sa région natale de Carcassonne, prit les allures d'une évidence à mesure qu'il progressait vers Lyon, en espérant y rencontrer le roi : Hug Nadin. Quelques hommes et femmes, frappés par son allure, décidèrent de le suivre. Son grand âge – on disait qu'il avait 90 ans – inspirait un étrange respect, renforcé par sa minceur, sa belle taille et son allure modeste. Qu'allait-il dire au roi ? Aucun message religieux, mais un propos politique. Le roi devait faire cesser les exactions des routiers désœuvrés, ces soldats que la cessation des hostilités réduisait au brigandage, et baisser les impôts qui affamaient le peuple. Il devait surtout entendre ses sujets et réunir les états de tout le royaume, du nord au sud. Message simple, mais qui portait un contenu inédit : jamais en effet les états de toutes les bonnes villes et de toutes les provinces du royaume n'avaient été tenus. Généralement, le roi les consultait par région : ceux de Languedoc et ceux du Nord étant parmi les grands pourvoyeurs de fonds en l'absence des principautés hors du domaine, dont la Normandie encore aux mains des *Godden*. Après plusieurs centaines de kilomètres d'une marche qui empruntait pour une bonne part les chemins de Compostelle à contre-courant, le vieillard arriva enfin à Lyon où sa renommée le fit reconnaître par la cour. Des hommes du guet écartaient la foule qui se pressait par les rues pour saluer cette nouvelle figure de prophète.

Hug Nadin fut reçu par le roi. De leur conversation, rien ne filtre dans les chroniques. Ils demeurèrent plusieurs heures ensemble si l'on en croit le *Petit Thalamus*, chronique languedocienne qui reste aujourd'hui encore la principale source pour connaître le personnage. Nadin ne demeura pas longtemps à Lyon. Il rentra dans sa patrie et y mourut dans l'affection des siens et l'admiration générale. Le mouvement de sympathie qu'il avait suscité ne s'éteignit pas pour autant. Rare manifestation d'une conception de la politique qui se voulait participation et qui cherchait à échapper aux corps intermédiaires. Le roi entendit le message et décida de la tenue régulière des états de tout le royaume, non seulement pour consentir l'impôt, mais surtout pour tenir conseil avec le souverain. La France entra ainsi par la grâce d'un vieux berger dans une démarche parlementaire qui lui économiserait une révolution trois siècles plus tard. Si Charles VII fut un grand roi de guerre, ce fut grâce à l'artillerie qui lui permit de prendre sans trop férir de coups les villes tenues par les Anglais. S'il fut un grand roi de paix, ce fut pour cet acte de confiance dans le peuple et aussi à cause de la Pragmatique Sanction de Lyon (et non de Bourges), texte au terme duquel le souverain détenait désormais le droit de nommer aux charges ecclésiastiques.

Les *Grandes Chroniques de France* changent de ton à cette époque, sous l'effet de l'installation des rédacteurs bénédictins, venus de l'abbaye de Saint-Denis au nord de Paris, dans un couvent de la région lyonnaise. Leur vocabulaire se teinte d'expressions occitanes. En ce temps où le bas latin mute, la langue d'Oc et l'italien proche prirent un poids inattendu, colorant définitivement l'accent sur les syllabes terminales, beaucoup moins nasales et fermées qu'elles ne le sont aujourd'hui. Les chroniques notèrent aussi l'existence de plusieurs pseudo-Nadin qui tentèrent de se faire passer pour le vieux pèlerin. L'un d'eux fut d'ailleurs reconnu pour vrai par deux des petits-enfants du vieillard. Il profita de cette rente de situation pendant quatre ans avant d'être dénoncé par l'archevêque de Lyon, lequel avait mené une enquête stricte. Il n'empêche, le roi décida d'ouvrir un procès en canonisation et fit faire une longue enquête en recherche de sainteté pour un prophète somme toute très laïc, dirions-nous. Ainsi se construisit la figure actuelle de saint Hug, homme droit et pacifique, ardent défenseur du peuple et d'un État royal soucieux de recevoir le conseil des humbles, comme le préconisait dès le XIVe siècle le juriste Marsile de Padoue, rebelle à toute autorité non consentie.

La Saint-Hug, le 9 avril, devint progressivement un jour de fête avant de tomber en désuétude. La montée en puissance du sentiment national se poursuivit, pesant sur la géographie. Sans doute les frontières actuelles de la France seraient plus profondes au Sud, vers la Catalogne et le Piémont. Au Nord, en revanche, elles seraient plus proches de Paris. Le jeu serait donc resté ouvert pour que se déploient les passions dévorantes du nationalisme et de l'impérialisme. Au XIXe siècle, Carcassonne devient le lieu de pèlerinage des humilistes, mouvement politique nationaliste et populiste, particulièrement présent dans la Provence monarchiste radicale. La figure de Hug Nadin est au centre de la démarche qui prône davantage de parlementarisme et de libertés antifiscales. Au cours de la Première Guerre mondiale, causée par la confrontation des revendications territoriales européennes antagoniques, des affiches sont publiées montrant le vieil homme appelant le peuple à souscrire les emprunts d'armement. Son regard sombre scrute l'âme des passants sur fond bleu pastel.

La mort prématurée de Jeanne d'Arc aurait donc eu un effet considérable sur la géographie, sur les revendications partisanes et sur la symbolique politique même du pays. Car, Jeanne d'Arc oubliée, la France aurait trouvé une figure de substitution qui reposait moins sur une pucelle innocente que sur la sagesse d'un vieillard. À n'en pas douter, le poids du culte marial en aurait été changé à son tour et, sans doute, Marianne ne serait pas devenue le symbole national. Car l'allégorie de la République subsume ces modèles chrétiens. À sa place, peut-être, le visage d'un noble vieillard trônerait dans les mairies. Au demeurant, il siégerait au côté du buste du roi, car notre pays serait demeuré une monarchie. Le système de consultation des états généraux aurait, en effet, facilité les discussions de pouvoir et l'évolution du régime monarchique. L'idée d'homme ou de femme providentiel en aurait été amoindrie et la France serait sans conteste devenue un pays réformable. Lyon, ville de sacre après Reims, serait aujourd'hui la cité chérie des monarques. Le vin et la gastronomie seconderaient une industrie de la mode devenue florissante grâce aux commandes royales. Les souverains y auraient tenu leur cour secondaire après celle de Paris et du Louvre. Inutile alors de fonder Versailles pour y tenir une noblesse rendue moins agitée par la qualité du lien fondamental unissant la France et ses rois. À bien y réfléchir et contre son gré, Jeanne d'Arc fut le fossoyeur anticipé de la monarchie, par excès de zèle et de passion religieuse. En la brûlant, les Anglais ne se doutaient pas qu'ils consumaient le modèle français de monarchie constitutionnelle sur lequel ils fondèrent pourtant leur politique.

Chapitre 5

Et si Luther avait vraiment réformé l'Église ?

Le 28 juin 1519 à Augsbourg, les grands électeurs du Saint Empire romain germanique s'étaient réunis. Les sept seigneurs et archevêques s'apprêtaient à désigner le nouveau titulaire de la couronne impériale, laissée vacante par le décès en janvier de l'empereur Maximilien. Parmi les prétendants se trouvait le petit-fils de ce dernier, Charles Ier roi des Espagnes, soutenu par l'or du célèbre banquier Jakob Fugger et par les richesses qui commençaient à revenir des Amériques. Henri VIII avait peu de partisans, mais sa famille avait noué des alliances dans toute l'Europe. Un dernier candidat se présentait : François Ier, roi de France, arrogant, mais fin calculateur. L'histoire voulut que Charles l'emporte et prenne le nom de Charles Quint avec pour devise : « Toujours plus oultre. » Sa déception, voire sa rage, aurait été grande si François Ier l'avait supplanté et avait commencé son règne sous le nom de François Prime (Franz Primus). Or l'hypothèse se serait vérifiée si l'électeur de Saxe Frédéric le Sage avait penché pour le roi de France. Et le Saxon aurait pu se laisser fléchir si la papauté avait été moins avare de ses bienfaits et avait proposé plusieurs chapeaux de cardinal à l'électeur et ajouté d'autres atouts symboliques et matériels dans la balance. L'histoire aurait alors pris un tour surprenant, car Frédéric le Sage avait pris sous sa protection un personnage à la réputation et aux idées sulfureuses : Martin Luther.

Luther, moine augustin devenu professeur, a fait scandale deux ans plus tôt, à la veille de la Toussaint 1517, en se lançant dans une campagne d'agitation contre les indulgences et en proposant une théologie audacieuse, en 95 thèses. Il prétend réformer l'Église, comme tant de ses contemporains, mais use d'un style d'une rare violence et n'hésite pas à s'exprimer en langue vulgaire plutôt qu'en latin. Surtout, il a forgé une manière de parler de religion qui fait écho aux angoisses de l'époque et remet en cause les habitudes religieuses.

Assurément, le Moyen Âge a connu des tentatives de transformation du clergé et des mobilisations contre des prêtres chargés de tous les vices. N'étaient-ils pas accusés d'entretenir la pauvreté et l'exploitation, d'abuser de leur fonction et de détourner leurs ouailles de la vraie foi ? Les conflits théologiques ont été résolus le plus souvent par la force et l'exécution des hérétiques. Après les cathares, les hussites ont été reconvertis ou passés par les armes. Plus rarement, les réformateurs ont été absorbés par la grande institution et lui ont redonné vigueur et audience. Ainsi en alla-t-il par exemple de la réforme franciscaine ou de celle des cisterciens.

Au début du XVIe siècle, cependant, la critique de l'Église a pris une ampleur nouvelle qui se colore de revendications nationales. Rome, en effet, est considérée comme une puissance impérialiste qui impose son joug aux nations et les pressure au rythme d'une avidité toujours plus grande. La crise des indulgences, ces absolutions vendues par les princes et les prélats grâce à un monopole pontifical dénoncé par Luther, illustre le malentendu de l'époque. La papauté souhaite renforcer son ancrage territorial, convertir les nouvelles terres découvertes et accroître sa puissance séculière, alors que les peuples cherchent à conserver sur leur territoire les richesses prélevées et à suivre des prélats partageant leurs préoccupations quotidiennes. Au fond, Rome est perçue comme un ancêtre de Hollywood, sans la gélatine : une superpuissance spirituelle abusant de ses moyens. Le trait est particulièrement saillant vu d'Allemagne, nation relativement périphérique au regard des enjeux de la chrétienté.

Pour Luther et les réformateurs, matérialisme et géopolitique ne sauraient tenir lieu de théologie et encore moins de philosophie. Pire, l'âpreté au gain des clercs dévoyés détruit la confiance dans leur magistère et justifie que chaque fidèle s'efforce d'entendre l'appel de Dieu. Seule la foi compte pour y parvenir, sans souci pour les œuvres voire pour le rituel que l'Église s'est donné pendant des siècles.

Bien sûr, le pape a immédiatement réagi en faisant condamner les thèses de Luther, afin de préserver son emprise sur la distribution des grâces célestes. Léon X a encouragé ecclésiastiques et princes à lutter contre la nouvelle théologie qui fleure l'hérésie. Il a même envoyé un légat pour s'assurer que les esprits ne s'échauffent pas trop. Mais voilà, après juin 1519, dans notre hypothèse, Frédéric le Sage obtient pour Luther, son protégé, l'élévation au rang de cardinal. Surtout, il reçoit, dans le même temps, la promotion de deux autres hommes favorables à la Réforme : Spalatin, son chapelain, et Melanchthon, un disciple de Luther à la tête très politique. L'avancement des trois Allemands empêche toute répression pontificale. Désormais, pour le pape, mieux vaut accompagner le mouvement. La Réforme est entrée dans l'Église.

Luther a attendu son chapeau avec passion. Il a dû encore supporter les attaques de plusieurs ecclésiastiques qui espèrent, comme Johann Eck, occuper sa place de trublion et le dénigrent, telle une sorte de prophète déchu et corrompu. Leur erreur est de sous-estimer l'activisme de l'homme qui part pour Rome en 1520 et y rencontre, outre le pape, plusieurs princes d'Église. Nulle conversion à la pragmatique géopolitique de la part du théologien de Wittenberg. Mais la démonstration de ses formidables capacités intellectuelles, qui lui valent un intérêt particulier de figures éminentes du Sacré Collège. Si bien que les années suivantes, à la mort de Léon X, puis d'Adrien VI, quand le conclave se réunit, le cardinal Luther et ses amis font valoir avec force les intérêts allemands et trouvent, cinq siècles avant la théologie germanique de Benoît XVI, un écho favorable. Certes, le nouveau pape Clément VII est un Italien de bonne famille, mais Giulio De' Medici ne traite plus les États allemands en quantité négligeable. Cela change tout.

La doctrine luthérienne du retour à la foi devient ainsi un corpus officiel. Elle est largement diffusée grâce à l'imprimé. L'expression latine *Sola fide* est gravée comme nouvelle devise au fronton des églises. Le courant luthérien favorise ainsi un mouvement de *zelanti,* chrétiens avides de suivre le pape dans sa réforme chargée de relents sociaux et nationaux. La stratégie de la papauté réformatrice consiste à jouer des conciles et des concordats pour faire évoluer les rapports entre les princes, les clercs et les peuples. Les concordats permettent partout de revenir au principe de l'Église primitive, quand les prêtres accompagnaient une petite communauté dont ils étaient les dépositaires. Ainsi commencèrent les premières élections de prêtres qui furent avalisées par Rome. Le mouvement s'en trouva accéléré et de nouvelles demandes surgirent. La question du mariage des ecclésiastiques fut une des premières difficultés. Le péché de nicolaïsme avait structuré l'imaginaire critique médiéval ; le moine fornicateur était devenu l'image même de la honte et de l'échec du magistère moral. Luther convainquit le pape de créer une nouvelle catégorie de clercs pouvant se marier et chaque paroisse eut le choix entre l'un ou l'autre type de serviteur du culte. L'argument était simple : si seule la foi compte, alors seul l'office importe et non la condition de l'exécutant. Ces prises de position modifièrent durablement la situation en Europe.

Le conflit religieux se trouve apaisé en quelques années. Point de schisme et une oreille complaisante aux demandes de divorce de Henri VIII qui évite à la chrétienté de connaître ses déchirements successifs. Pourtant, le beau XVIe siècle humaniste ne sera pas exempt de guerres.

Charles Ier, du haut de sa couronne espagnole, ne renonce pas à son rêve d'hégémonie européenne. Il cherche à lutter contre la superpuissance pontificale et à venger l'effondrement de son rêve impérial. L'or qui vient toujours plus abondamment des Amériques constitue un atout formidable pour acheter des troupes, en cet âge où les mercenaires remplacent les armées nobiliaires. Avec de telles forces, il se dresse partout contre François Prime. En France d'abord, où seul le secours de Henri VIII, avide de ruiner la concurrence flamande, permet de résister ; en Italie ensuite, où les forces impériales, souvent d'origine allemande, évitent de justesse au pape et à la ville de Rome le terrible sac projeté par Charles. Ce dernier reprend alors le vieux mythe des croisades et s'élance contre les Barbaresques et les Turcs pour gagner son aura de véritable défenseur de la chrétienté. Les Tercios munis de leurs longues lances débarquent avec une formidable flotte près de Jérusalem et y installent pour quelques mois un siège cruel. Finalement, les espoirs millénaristes sont déçus car la victoire ne change pas la roue du monde. En Amérique, son ardeur n'est pas moindre : il encourage des installations lourdes afin que là au moins lui soit décerné un titre d'empereur.

François Prime considère ces tentatives avec une jalousie non dissimulée. Son ambition, en effet, était de poursuivre le rêve de Maximilien : se doter d'un empire universel comparable à celui des Romains. Initialement, ses espoirs étaient fondés. Le pape a soutenu ses prétentions à la couronne. Il a apporté au sacre qui s'est déroulé à Aix-la-Chapelle toute la solennité d'une Église qui se sent menacée par les appels à la réforme. Pourtant, François ne parvient pas à être le grand chef de guerre qu'il croyait, malgré la vaillance dont il fait preuve au combat. Ses défaites restent plus connues que ses victoires, car chacune d'elles a contribué à l'émergence d'une grande nation : Espagnols, Italiens, Flamands et même Suisses prennent tous à un moment le dessus sur les troupes impériales. Son empire n'est donc pas une autorité puissante imposant sa volonté à l'Europe. Il a pourtant des conséquences durables. Tout d'abord, il reconstitue pour la première fois une couronne qui ressemble à celle de Charlemagne. Il ancre la France dans l'espace germanique. Ensuite, il influence l'administration des princes allemands en les encourageant à prendre des édits similaires aux siens sur la rédaction des états civils en langue vulgaire. Le français est utilisé pendant près de trente ans dans la correspondance impériale. Voilà qui modifie la langue allemande dont Luther fixe lentement les traits tant son travail de cardinal ralentit sa production intellectuelle. Sa traduction de la Bible est ainsi achevée après plus d'une décennie de travail en 1535. Rien d'étonnant, dès lors, à ce que l'allemand soit tant étudié à l'école aujourd'hui au détriment du complexe grammatical effrayant que constitue l'espagnol.

L'empire de François Prime est donc avant tout une aventure qui modifie la carte des lettres et des arts en Europe. Il accroît les liens entre France et Europe centrale. La transmission du trône favorise les rois de France qui conservent la dignité impériale pendant près d'un siècle. La culture continentale s'en trouve homogénéisée. Elle rend possible la construction de couronnes indépendantes en Hongrie, en Pologne et en Croatie. Elle brise la dynamique imaginée par les Habsbourg mais favorise plutôt la solidification des grandes principautés allemandes. Elle contribue sûrement à isoler l'Angleterre, l'Espagne et le Portugal qui se tournent plus encore vers les Amériques. Surtout, la circulation des élites sur le vaste territoire a pour effet de réduire la part de la Méditerranée comme lieu d'échanges à cette époque, tant les voies commerciales et culturelles suivent l'axe rhénan et accroissent la présence du monde baltique et scandinave. Apprendre le suédois serait sûrement moins exotique qu'il y paraît de nos jours. La démographie historique modifierait aussi la carte des modèles familiaux : tant l'héritage latin serait moins influent que la famille tribale germanique. Le redécoupage culturel n'autorise pas cependant une économie de violences. Car, outre les situations religieuses et les ambitions des dynasties royales, l'Europe est secouée de mouvements sociaux qui cherchent d'autres formes d'expression que celle qu'autorisait la dissidence religieuse, quand l'Église catholique menaçait ruine et s'obstinait à rejeter toute voie conciliatrice.

Le projet d'un Ulrich Zwingli à Zurich, d'un Martin Bucer à Strasbourg, d'un Thomas Müntzer en Thuringe n'est pas seulement d'essence eschatologique. Tous s'inscrivent dans un terreau social troublé qui reflète les transformations liées aux affaires commerciales internationales et à l'explosion d'une nouvelle opulence urbaine. Chacun de ces événements aurait été considéré séparément des autres. Ils n'auraient pas eu pour cible commune une Église dont la réforme en cours aurait suspendu les critiques globales. En revanche, l'évêque de Genève comme seigneur séculier aurait fait l'objet de violentes critiques pour ses prélèvements d'impôt et il est vraisemblable que la République aurait été créée. Mais Calvin n'aurait pas eu le visage d'un réformateur religieux. Il serait demeuré dans l'histoire comme un réformateur militaire, à l'image des *condottieri* qui, en Italie, gouvernaient à l'occasion une ville en prenant le parti populaire contre les patriciats urbains. Car la guerre serait restée la grande affaire des transferts de richesse. Privés du prétexte religieux, princes et mercenaires auraient trouvé dans les causes politiques et territoriales la justification des attaques contre les lieux où se concentraient les fortunes. Au fond, ils auraient appliqué sur le continent le vieux modèle que les pirates s'évertuaient à entretenir en mer.

Les paysans, les artisans et les commerçants se seraient ainsi retrouvés face à la vérité d'une économie où le pillage ne portait pas le masque de la foi nécessaire. Sans doute auraient-ils alors accentué les solidarités horizontales, ces liens de proximité et de défense mutuelle, qui se trouvent au principe même du campanilisme et du nationalisme. Nulle raison de penser qu'une perception plus claire des mécanismes sociaux à l'œuvre les aurait poussés à développer une sorte de communisme primitif, contre les princes, afin de détruire le modèle féodal.

Les habitants des villes et, en particulier, des villes portuaires auraient mieux accueilli les développements de la pensée que l'Église catholique aurait favorisés en son sein. En acceptant le défi de Luther, les papes auraient laissé libre le champ philosophique. Ils avaient déjà admis l'analyse d'Érasme sur le libre arbitre. Ils auraient pu laisser aller tous les vagabondages religieux tant qu'ils ne remettaient pas en cause la foi. Or la ruse de Luther consistait à placer cette question loin en amont. Une démonstration expérimentale ne remettait aucunement en cause l'appartenance à l'Église. Le développement de la science ne serait donc pas aujourd'hui perçu comme contradictoire avec la pensée religieuse, en particulier dans un pays comme la France. De ce fait, le rapport entre les États et les religions serait totalement différent dans toute l'Europe. En Allemagne notamment, l'absence de guerres de religion n'aurait pas imposé l'idée que la religion du prince doit être celle du sujet, et aurait ainsi ouvert la porte à des religions officielles, ancrées dans l'État. L'idée d'un ministère des Cultes au sein du gouvernement allemand ferait sourire, car la gestion des Églises serait organisée entre le local pour la gestion matérielle et Rome pour le spirituel. En France, au contraire, la conception de la laïcité comme rejet de la foi dans l'intimité serait absente. La religion serait encore une composante importante du langage public et constituerait un lien social puissant, sans doute enseigné dans les universités à côté des cours de science.

Finalement, si Luther avait pu mener son œuvre dans l'Église, quatre siècles plus tard, un sociologue comme Max Weber aurait été bien en peine de voir dans le protestantisme la racine de l'éthique du capitalisme. Il aurait insisté sur les origines religieuses de la pensée scientifique et affirmé combien le monde des affaires découlait de ce curieux mariage. Il aurait perçu précocement que le marché et le capitalisme ont besoin pour se développer d'une pensée rationnelle et d'entraves morales. Ainsi aurait-il illustré la nécessaire complémentarité entre fonction publique et action privée. En temps de crise, il aurait existé une institution solidaire, transnationale, universelle et, pourquoi pas, tolérante : l'Église. Et ce fait singulier aurait changé l'histoire de l'Europe.

Chapitre 6

1588, l'Espagne convertit l'Angleterre

Son père avait bâti un empire sur lequel, disait-on, le soleil ne se couchait jamais ; Philippe II, lui, fut un démolisseur au nom de la tradition. Il y avait chez ce fanatique par discipline et méthode un désir de posséder des convictions inébranlables. Au prologue de notre histoire, en juin 1588, une tempête dispersait-elle sa rutilante armada sur le point d'appareiller pour les côtes anglaises qu'il rétorquait à son amiral, inquiet d'un mauvais présage qu'il prenait pour un avertissement céleste : « Si c'était une guerre injuste, nous pourrions en effet considérer cette tempête comme un signe de Dieu nous enjoignant de ne pas l'offenser davantage. Mais, en toute objectivité, nous ne pouvons croire qu'Il souhaite ruiner notre flotte : plutôt lui accordera-t-Il un sort encore plus favorable que ce que nous pourrions espérer [...]. J'ai placé cette entreprise sous le patronage de Dieu. Il ne vous reste plus qu'à faire votre devoir. »

Clairvoyant à ses heures, Philippe II avait compris que son siècle inaugurait la remise en cause générale des dogmes et des connaissances ; aussi se cramponnait-il à l'absolu. Mettre en chantier cent trente navires dans l'espoir d'imposer une conversion forcée à l'Angleterre protestante d'Elizabeth Ire, c'était s'aveugler autant sur la puissance réelle de son royaume que sur l'état d'esprit de l'opinion outre-Manche. Qu'importe, il était impatient d'y entraîner les meilleures troupes d'Europe, une flotte de dix millions de ducats (cinquante fois les revenus annuels de la couronne anglaise) et de se faire admirer par l'Europe catholique. Philippe II a été le metteur en scène scrupuleux de cette aventure, agençant itinéraire et plan d'attaque, stratégie d'invasion et ruse tactique. Pas besoin d'imprévu donc, au début de ce chapitre. Nous allons rejouer la pièce telle que Philippe l'a écrite, en prenant simplement la liberté de faire coïncider unité de temps, de lieu et d'action. Après tout, ne sommes-nous pas au siècle d'or de la tragédie ?

À l'origine, il y a un paradoxe : l'Espagne de Philippe II est un royaume mondialisé sans racines. Car Philippe, à la différence de son père Charles Quint, n'est pas empereur ; lui échappe ainsi à la double onction, romaine et chrétienne, héritée du Moyen Âge. À lui de prouver sans cesse par des face-à-face autant militaires que culturels qu'il surpasse la France, l'Italie, l'Autriche, voire la Turquie des Ottomans ou la Chine des Ming. Dans cette logique d'affrontement, il se heurte tantôt à l'« idolâtrie » (tous les cultes qui, d'Amérique en Asie, ne relèvent pas du Livre), tantôt au judaïsme, surtout à l'islam et depuis peu au protestantisme, notamment dans une province capitale pour sa stratégie européenne, les Pays-Bas, eux-mêmes soutenus par les antipapistes anglais. Pour faire tenir ensemble cette mosaïque de territoires dont la dispersion planétaire fonde sa primauté en même temps qu'elle menace toujours de s'effondrer, Philippe envoie des banquiers italiens, des marins portugais, des franciscains et des jésuites, des architectes et des écrivains, tous ces *hombres expertos* chargés d'enraciner cet agglomérat baroque.

Partout, l'« immense entreprise », comme l'appelle l'archevêque de Mexico en 1585, progresse. Sauf en Europe du Nord-Ouest, à cause de ces Anglais qui viennent boucaner dans le Pacifique, pirater les galions chargés d'argent et d'épices, secourir les adversaires de la « vraie foi ». Or aucun souverain régnant ne connaît mieux l'Angleterre que Philippe. Et pour cause, il y a vécu après son mariage avec Mary Tudor, trente ans auparavant. Il en a retenu deux leçons. La guerre civile y couve en permanence, que les causes en soient religieuses ou sociales. L'armée anglaise, c'est sa marine. Donc, il faut la combattre sur mer comme à pied en donnant l'assaut aux bateaux et viser le débarquement sur l'île, défendue au plus par vingt-cinq mille hommes et une seule fortification majeure, celle que le roi appelle la « Grande Tour » (la tour de Londres).

Quant aux mobiles, il en avait tellement accumulé depuis trente ans qu'il ne prit pas la peine de déclarer la guerre ; le grand maître des horloges stratégiques planétaires attendait le moment opportun. Ni le raid de Francis Drake contre ses chantiers navals de Cadix, en 1585, ni le débarquement de quatre mille Anglais venus, la même année, appuyer les protestants hollandais rebelles ne le décidèrent à s'ébranler, contrairement à ce que croient aujourd'hui encore les Anglais. Comme son ami le cardinal Bellarmin, procureur de la Contre-Réforme, Philippe II n'était pas loin de penser qu'il détenait le monopole de la lucidité et de la vérité politiques. Or, en 1588, tout conspirait à sa réussite. Philippe n'avait plus rien à craindre en Méditerranée depuis qu'en 1571, les galères hispano-vénitiennes avaient surclassé les Ottomans et semblaient des châteaux forts marins propres à tenir en respect la flotte anglaise. Grâce au million de ducats versé à la Sainte Ligue, le parti catholique avait le dessus dans une France ravagée par vingt ans de guerres religieuses. Divine surprise, le seul chef de guerre à la mesure des Espagnols, Frédéric II de Danemark, venait de mourir.

Il était temps d'examiner le plan d'attaque préparé par un de ses *hombres expertos*, Bernardino de Escalante, moine spécialiste de la Chine et grand propagandiste de la domination universelle hispanique, que le roi avait mis à contribution car il avait vécu en Angleterre et était un ancien conquistador. Son plan, toujours conservé aux archives de Madrid, suggérait de mettre la voile vers le sud de l'Irlande afin d'y attirer la flotte anglaise, ce qui laissait le temps au duc de Parme, commandant les troupes espagnoles aux Pays-Bas, de rallier le Kent sur trois cents chaloupes de débarquement. Avec l'appui probable des Irlandais – catholicisme oblige – et des Écossais – qui avaient encore sur l'estomac l'exécution de Mary Stuart par Elizabeth en 1587 –, les Espagnols prendraient ainsi en tenaille leurs adversaires. À ce schéma, Philippe II n'apporta qu'une modification, qui devait s'avérer préjudiciable, mais n'était pas catastrophique. Par crainte de mauvaises conditions de navigation en mer d'Irlande et par souci prioritaire de protéger son infanterie (précaution qui obnubila Napoléon puis Hitler placés devant le même problème), Philippe II ordonna aux galères de se rendre en Manche pour escorter les *tercios* du duc de Parme. On se retrouverait donc en principe à Dunkerque et à Nieuwpoort. À condition que les horloges soient toutes exactes.

Tout commença impeccablement. Les cent cinq bateaux de lord Howard d'Effingham eurent beau attaquer pendant deux jours, rien ne semblait contrarier la marche de l'armada : le 2 août, cinq cents coups de canon furent tirés en vain contre le *San Martino*. Dans le même temps, Elizabeth commit une erreur majeure en envoyant Robert Dudley attendre un éventuel débarquement dans l'Essex avec le gros des forces anglaises, laissant ainsi à peine quatre mille soldats dans le Kent, choisi par Philippe II. C'est alors que la mécanique se dérégla.

Pressé par son roi d'arriver au plus vite en Manche, l'amiral Medina Sidonia prévint trop tard le duc de Parme, en oubliant de surcroît que ses messages risquaient d'être interceptés. Résultat : l'information arriva la veille du mouillage devant les côtes françaises, contraignant les navires à attendre dix jours les fantassins ; il n'y avait plus d'unité de temps dans la manœuvre. Parallèlement, harcelé par les Anglais, Medina choisit de s'abriter à Calais, port ouvert et sans défenses naturelles. Certes, Calais n'était qu'à sept lieues de Dunkerque, mais ces trente kilomètres faisaient toute la différence : faute de respecter l'unité de lieu, les Espagnols permirent à Drake d'expédier six brûlots chargés de poudre qui décimèrent la flotte. Enfin, les capitaines des vaisseaux n'exécutèrent pas les ordres, certains prenant le large pour sauver leur peau, d'autres refusant de regagner Calais une fois le coup de main passé. Par manque d'unité d'action, l'armada dispersée permit aux Anglais, devant Gravelines, de mettre mille huit cents Espagnols au tapis, et surtout quatre navires – le *San Martino,* le *San Mateo*, le *Maria Juan* et *El Gran Griffon* – censés fournir la puissance de feu aux envahisseurs.

Retenons juste Philippe II de houspiller ses marins et laissons-les coordonner leur marche avec celle du duc de Parme. Celui-ci aurait suivi le plan qu'il avait élaboré l'année précédente après avoir pris le port de Sluis, aux Pays-Bas : chaque unité disposait de son ordre de marche et de son itinéraire pour rallier Dunkerque et Nieuwpoort ;

en trente-six heures (!), les vingt-sept mille soldats auraient été embarqués sur les bateaux de transbordement, placés au milieu des deux colonnes formées par l'armada, proues et poupes accolées constituant une sorte de muraille mobile. En dépit des prouesses de Howard, de Drake ou de Frobisher, l'essentiel des troupes espagnoles aurait atteint le Kent, tout comme les douze canons de quarante, capables de percer n'importe quelle fortification, à commencer par celles de Canterbury et de Rochester, à peu près dans l'état où elles avaient été construites, trois siècles plus tôt. Seul le château d'Upnor barrait la route de Londres, mais il est à parier qu'il n'aurait pas tenu plus de quelques jours. Bref, le duc de Parme aurait pu respecter à la lettre les instructions de Philippe II : fondre comme la nuée sur la capitale, l'investir et faire ruisseler l'or et les promesses sur les inévitables traîtres dont la vocation s'éveille dans les situations extrêmes. Parme n'avait-il pas acheté dix mille livres la garnison d'Aast en 1584 et dix-huit mille livres les sept cents Anglo-Irlandais commandés par William Stanley et Roland Yorke, en 1587 ? Avec quarante mille livres de dettes exigibles fin juillet 1588, ce n'était pas la couronne d'Angleterre qui allait surenchérir.

Deux scénarios se présentent alors, selon que l'on privilégie les critères militaro-politiques ou bien religieux. Dans les deux cas, le contexte est identique, raison pour laquelle nous avons retenu l'épopée de l'armada plutôt que le règne de Marie Tudor. Depuis un siècle, le

« désenclavement du monde » (Pierre Chaunu) a permis à la monarchie espagnole de s'implanter sur quatre continents ; ce n'est pas par hasard si l'Indien Chimalpahin surnomme Philippe II « Seigneur universel » ou si Bernardino de Escalante considère que la Chine a été « conquise par notre Roi catholique ». Débarrassé de l'épine anglaise, celui-ci pouvait consacrer ses millions de ducats à contenir la montée en puissance des États-nations européens et à moderniser son empire. Enfin, la défaite anglaise concrétisait la suprématie du catholicisme et affectait les relations de concurrence qu'entretenaient non seulement les pays européens, mais leurs colonies.

Le scénario politique impliquait la mise à l'écart de la reine Elizabeth. Sans doute celle-ci eût-elle été décapitée ou assassinée, à l'instar d'un Gaspard de Coligny ou d'un Henri de Guise. Sans héritiers, la dynastie Tudor se serait éteinte au profit d'une régence exercée sous la surveillance du duc de Parme jusqu'à l'accession au trône d'un des fils de Philippe. Comme il eût été politiquement suicidaire d'envoyer Carlos, à l'esprit trop agité pour tenir le pays, c'est son cadet qui s'y serait installé, préambule à une double monarchie. En somme, la querelle de la Succession anglaise aurait produit les mêmes effets ravageurs que celle d'Espagne et l'arrivée des Bourbons de France, un siècle plus tard. Par ricochet, la résistance hollandaise aurait rendu les armes, permettant à Philippe II de réorganiser l'ensemble des provinces d'outre-Rhin en réduisant les principautés luthériennes à la portion congrue, sous peine d'être anéanties. La question reste de savoir si cette reconfiguration aurait préfiguré une mondialisation pacifique centrée sur Madrid ou bien si cette autre approche d'un monde, à la fois catholique et soumis à un même prince, aurait abouti à un nouvel empire romain confronté à l'affirmation des « patries ».

Au moins pour un temps, la disparition des navires anglais et hollandais aurait accéléré la mainmise économique sur les terres nouvelles, *via* les explorateurs ou les moines. On ne voit pas ainsi quel obstacle aurait empêché franciscains, bénédictins, jésuites ou dominicains de fonder villages et exploitations agricoles en remontant vers le nord de l'Amérique. N'étaient-ils pas passés de Floride en Virginie, le temps d'une génération ? Du coup, la « Frontière » – mythe constitutif des États-Unis autant que réalité observable – aurait changé d'orientation : elle serait remontée vers le Canada suivant deux traces parallèles calées le long des côtes atlantique et pacifique. On devine la suite, trois siècles plus tard : à l'instar des galères de Philippe II naviguant en colonnes, les deux fronts hispaniques auraient servi de zone tampon contre les vagues migratrices venues d'Europe ou d'Asie et de ballast de protection au bénéfice des Indiens des grandes plaines, présumés sans foi, ni loi, ni roi, et qu'il importait moins de civiliser ou de convertir que de laisser dans une sorte de *no man's land*. Pas question en tout cas d'imaginer des « États-Unis ». Au reste, cette éventualité aurait coïncidé avec les conclusions du dominicain Tommaso Campanella, théoricien de la grande politique européenne voulue par Philippe II. Dans sa *Monarchie d'Espagne et monarchie de France*, celui-ci spécule sur ce qu'il appelle une « union », en clair des âmes, des corps et des richesses soumises à l'Espagne, et une Angleterre moins importante que le Portugal ou le Brandebourg.

L'autre hypothèse table sur le chaos religieux consécutif à l'invasion. Les protestants se seraient retrouvés dans une situation voisine de leurs coreligionnaires français, à cela près qu'ils n'auraient pas disposé de places fortes, ni de leaders. Distinguo essentiel puisque la Réforme anglaise, au lieu de partir de la prédication savante et populaire, avait été imposée d'en haut par Henri VIII avec l'appui des Communes, donc de la loi qui s'imposait au monarque autant qu'au plus humble des paysans. La rupture précipitée par l'invasion espagnole aurait eu des conséquences aussi radicales que la révolution tentée par Jacques Ier Stuart une génération plus tard. L'uniformité religieuse, l'absolutisme royal de droit divin et la hiérarchisation rigoureuse des ordres sociaux auraient paru insupportables à une bourgeoisie en plein essor, à une *gentry* attachée à son indépendance et à des puritains soucieux de « purifier » l'Église catholique de la hiérarchie épiscopale ou de l'influence monastique. La guerre des religions aurait été programmée.

Avec deux conséquences plausibles. Compte tenu du rapport de force militaire dans l'île, les protestants auraient eu le choix entre le fil de l'épée et l'exil. Sans doute, après quelques trimestres de massacres, se seraient-ils résolus au départ. Évidemment pas vers l'Amérique, terre d'Espagne, sauf à y déplacer une guerre de religion qu'ils n'étaient pas en mesure de gagner. Il faut alors imaginer l'Amérique sans ses « Pères fondateurs », autrement dit exclure là encore des « États-Unis » et parier plutôt sur un schéma voisin du Mexique. D'un autre côté, ce siphonnage des protestants aurait laissé une Angleterre à peu près uniformément catholique. Mais plutôt spécialisée dans la laine et les articles de messe que prête à devenir l'atelier textile et mécanique de l'Europe.

En second lieu, l'élimination des protestants aurait ravivé un combat de la dernière chance dans toute l'Europe. Inutile de songer alors à une quelconque transaction entre les huguenots et les ligueurs sur la personne de Henri IV, à une paix négociée avec les luthériens du Danemark ou les anabaptistes de Suisse. Philippe II et ses cousins Habsbourg auraient parachevé le triomphe de la Contre-Réforme. Sauf si la guérilla s'était prolongée. Au fond, ce qui se serait profilé aurait été une course de vitesse entre la capacité de résistance des uns et la capacité financière de l'Espagne à entretenir des armées. N'oublions pas qu'en 1596, le trésor royal, au bord de la banqueroute, dût suspendre tous ses règlements. En définitive, la clef de la survie protestante se serait alors réduite à une simple question d'hérédité : Philippe II parviendrait-il à ses fins avant sa mort, en 1598, ou bien les ravages de l'endogamie exposeraient-ils son fils aîné Don Carlos à la réclusion pour cause de folie et son demi-frère Philippe III à poursuivre sans aucune chance de succès la réunion chimérique d'une grande famille catholique, de Lisbonne à Vienne, laissant la porte ouverte à une révolution industrielle cette fois partie d'Allemagne ?

Chapitre 7

Richelieu disgracié ou l'autre journée des Dupes

Ce 10 novembre 1630 au matin, Richelieu ressasse l'incident survenu la veille : Monsieur le frère du roi, Gaston d'Orléans, ne l'a pas salué. Cela peut paraître futile mais, à l'époque, l'État, le pouvoir, est incarné dans les personnes. Le moindre geste est interprété comme un signe de disgrâce. Le roi lui garde-t-il sa faveur ? Or il apprend que Louis XIII s'est rendu ce matin auprès de la reine, dans le palais du Luxembourg qui se trouve juste à côté du sien. N'y tenant plus, il s'y précipite, arrive devant l'entrée de la chambre de la reine et trouve porte close. Marie de Médicis, la reine mère, parle à son fils. Richelieu est convaincu que c'est de lui qu'il s'agit et que la reine demande sa tête. Il cherche quelqu'un qui pourrait lui ouvrir une porte, quelqu'un de l'entourage de la reine qu'il aurait connu à l'époque où il était son principal agent.

Car Richelieu, il faut s'en souvenir, a bâti sa carrière en célébrant d'abord les mérites de Concino Concini, le favori de Marie de Médicis, alors régente. Ce Concini haï de tous, qui pressurait fiscalement les Français et finit assassiné sur ordre de Louis XIII. Passant au service de Marie, il s'est fait le négociateur des accords qui rétablissent, en 1621, la paix entre la reine mère et son fils. Quand Richelieu est entré au Conseil en 1624, c'est parce que la reine l'a exigé, presque en gage de sa réconciliation avec le roi.

Mais le Cardinal a changé de stratégie et de protecteur, passant dans la dépendance directe du roi. Si bien que la reine s'est sentie trahie et réclame la tête du ministre. Elle a profité du fait que, quelques semaines auparavant, Louis XIII gravement malade a eu besoin du réconfort de ses proches. Auprès de Gaston, son frère, et de Marie, sa mère, Louis XIII a trouvé ce réconfort. En échange de gestes d'amitié et d'amour maternel, si rares, la reine espère obtenir le renvoi du ministre. Richelieu en est conscient. Par chance, une servante de sa connaissance passe, lui indique une voie détournée par la chapelle attenante à la chambre de la reine et, sans doute moyennant finance, lui ouvre la porte.

Brusquement, Richelieu se retrouve face à Louis XIII et à Marie de Médicis. Il interrompt leur conversation. La reine le fixe, avec l'œil glacial qu'a peint Rubens, dans un tableau aujourd'hui conservé au Prado. Elle refuse de parler. Richelieu insiste. Et là, l'orage éclate. Marie lui crache au visage des années de rancœur accumulée ; elle tient sa vengeance. Devant ce déferlement, Louis XIII, assez coutumier du fait, recule, s'efface... et prend la fuite. Richelieu, lui, doit rester dans la pièce quelques instants à entendre encore son procès tenu par une reine mère que plus rien ne maîtrise. Peut-il répliquer ? Non. On ne réplique pas à une reine de France. On ne réplique pas à celle à qui l'on doit le début de sa fortune. Le ferait-il que le roi lui-même le regarderait comme une sorte de bête, comme un être incapable de vraie fidélité. Or, à cette époque, c'est la plus haute des qualités. Richelieu essaie donc de se défendre : il ne veut que le bien du roi, que le bien de la famille royale, que le bien de la reine. Peine perdue. La reine a été convaincue par le chancelier de Marillac, mademoiselle de Montpensier, les ennemis de Richelieu et les tenants du parti dévot que le seul moyen de restaurer une bonne politique en France, c'est de chasser le ministre qui sert les protestants. Richelieu sort donc de la pièce. Conscient de sa défaite, il se réfugie dans son palais du Petit Luxembourg et prépare ses malles pour prendre la fuite et retourner sur ses terres, à Luçon. « Tout est perdu ! » lâche-t-il au maréchal de Bassompierre, un de ses fidèles qu'il croise. Reste à échapper à la vindicte de ses adversaires. Mieux vaut attendre le moment propice pour revenir. Il ne se doute pas que, dans l'entourage du roi, des hommes comme le duc de Saint-Simon, le père du chroniqueur du Grand Siècle, travaillent pour lui.

Imaginons qu'il n'ait pas reçu le message de Saint-Simon l'invitant à venir retrouver le roi à Versailles. Il aurait achevé le rangement, d'autant plus vite que la nouvelle lui serait parvenue des courtisans de la reine célébrant sa disgrâce. Voilà Richelieu transformé en paria, contraint de fuir la France et de chercher, fort de son statut d'homme d'Église, un refuge auprès de la papauté. En attendant, une autre politique se serait imposée. Fiers de leur réussite, les amis de la reine et ses vassaux auraient commencé à se partager les dépouilles. Le chancelier de Marillac, prévenu tôt du succès de l'opération, serait venu en hâte célébrer la victoire de son parti. Il espérait devenir le principal ministre et tenir le Conseil du roi. Désormais son code, le code Michau, qui autorisait la noblesse à faire du commerce et du trafic maritime sans perdre son statut, aurait pu pleinement s'appliquer. Richelieu qui, après avoir voulu en bloquer l'enregistrement, cherchait à en limiter l'impact, n'aurait pu l'empêcher. La reine aurait discuté avec Marillac des grands événements à venir. Son frère le maréchal, capitaine des gens d'armes de la reine, ne se serait plus tenu quand la nouvelle lui serait parvenue en Italie où il se trouvait. Son visage impassible d'ordinaire se serait éclairé d'un sourire de triomphe, tant sa haine de l'homme rouge était grande. Désormais, il aurait pensé à Richelieu avec une joie teintée d'une sourde frayeur : si la partie avait été perdue, sa tête serait passée sur le billot à moins qu'il ne fût enfermé dans une forteresse comme celle de Châteaudun.

À Versailles, le roi s'est couché tôt. La chasse a été si captivante, l'après-midi, qu'il en a oublié Richelieu. Avant d'entrer dans les songes, il pense un moment à l'avenir et se souvient du ministre congédié. Il le laissera en paix pour maintenir la pression sur le parti pro-espagnol et obtenir d'eux la servilité nécessaire. Le pays va cependant entrer en activité. La France qu'il veut dédier à la Vierge Marie va soutenir les royaumes catholiques. Elle fera provisoirement alliance avec l'Espagne et avec l'Autriche contre les princes protestants. Louis XIII aidera Philippe IV, le frère de sa femme, et surtout Ferdinand II aux prises avec la rébellion protestante. Ensuite, il pourra étendre son domaine et prendre les terres qui donneront à la France la sécurité dont elle a besoin.

Le retournement politique du roi se traduira rapidement dans les faits. Les soldats français épaulent ceux de la Ligue catholique et contribuent largement à l'écrasement des princes protestants allemands. Les troupes du roi de Suède, Gustav Adolf, entrées dans la guerre sans excès d'argent, sont défaites à Lützen le 15 novembre 1632 grâce à l'action combinée des dragons de Louis XIII et du génie stratégique de Wallenstein. Au cours de la terrible bataille, Gustav Adolf est mort. Voilà l'Allemagne livrée à l'Autriche qui rompt l'équilibre de la paix d'Augsbourg laquelle, depuis quatre-vingt ans, voulait que chaque État suive la religion de son souverain. Les princes protestants et leurs troupes trouvent refuge dans les pays voisins qui soutiennent leur religion : les Pays-Bas, le Danemark, la Suède et, plus loin, l'Angleterre. Ils entretiennent une guerre endémique et un désordre qui poussent la France dans des expéditions punitives coûteuses.

En France même, le parti catholique contraint le roi à une radicalisation d'autant plus facile que les places fortes protestantes ayant été détruites, la minorité ne dispose plus des moyens militaires d'agir. Les révoltes sporadiques sont réprimées dans le sang et les provinces qui s'en rendent responsables frappées de lourds impôts. Surtout, en 1635, Louis XIII révoque l'édit de Nantes, contraignant les réformés à l'exil ou à la conversion. Le chancelier de Marillac, ardent partisan de la répression des soulèvements, tombe en disgrâce quand il proteste contre cette décision dont il mesure le caractère négatif sur le commerce et l'industrie.

Le règlement de la question protestante a laissé pendant le rôle révolu à la haute aristocratie. Sollicités pour mener la répression, les gouverneurs des grandes provinces et les familles princières ont tenté d'accroître leur autonomie. Tous cherchent à rogner la puissance du pouvoir. Louis XIII ruine sa santé en se lançant dans des tours de France afin de manifester universellement sa majesté. Au cours de son voyage à Saintes, en pleine agitation paysanne, en 1636, il s'effondre en laissant la France sans héritier. Son frère accède alors au trône. Louis XIV ne sera pas, lui qui en vérité devait naître deux ans plus tard. Le nouveau roi Gaston Ier, ancien prince d'Orléans, est une tête frivole qui veut s'essayer à la profondeur, en suivant les conseils de sa mère. Enfin, exulte Marie de Médicis : elle tient véritablement le pouvoir. Elle veut renforcer l'ancrage catholique du royaume. Mais un tel projet suppose le soutien du pape.

Or, à Rome, Richelieu n'est pas resté inactif. Il a rejoint l'équipe d'Urbain VIII, après avoir fait acte de contrition et décidé de placer ses puissants réseaux de renseignements au service de Sa Sainteté. Le Père Joseph, l'éminence grise, continue donc son œuvre mais pour renforcer la puissance pontificale. Le projet de Richelieu suppose l'affermissement de la confession catholique par la reconquête des territoires perdus de la mission chrétienne en Europe, et en poursuivant l'œuvre de conversion outre-mer. Mais il veut aussi réduire la superbe des empereurs et des rois, dont l'étoile désormais trop haute risque de ternir l'influence du pape. Dans cette optique et sous le regard amusé d'Urbain VIII, Richelieu saisit l'occasion de semer des embûches à ceux qui naguère l'avaient chassé.

Grâce à lui, un peu plus d'un siècle après avoir été assiégé par les protestants allemands dans Rome, le Vatican deviendrait une puissance diplomatique et militaire unique. En cette période où les prémices de l'italianité sont perceptibles avec le développement d'académies aussi prestigieuses que celle des Lincei, la papauté catalyse les énergies et pousse précocement à une fédération sous l'autorité du souverain pontife. Richelieu a su amplifier l'action des intellectuels en devenant un des « lynx ». Adieu Académie française, qui ne sera jamais créée ! Les mémoires théologico-politiques du Cardinal, rédigés pour servir à l'édification de l'administration papale, sont restés un modèle du rôle que les intellectuels et la propagande peuvent jouer. C'est à Rome que le premier quotidien italien est lancé avec l'aide d'un transfuge venu de France : Théophraste Renaudot, lui aussi victime de la cabale de la reine et des campagnes contre les réformés. La Rome de Richelieu utilise l'Église comme laboratoire pour la modernité, revenant sur les analyses de Galilée, favorisant les arts et les sciences. Curieusement, alors que le centre de la catholicité s'ouvre à une intense activité culturelle d'où jaillissent bientôt les Lumières, la France devient la terre d'un mélange inédit de dévotion radicale et de régionalisme.

Une telle division ne manque pas de profiter à ses ennemis traditionnels, à commencer par la Grande-Bretagne. Elle prend possession des colonies françaises au Canada et contrecarre les tentatives marchandes de lancement de grandes compagnies commerciales. La France manque définitivement la course à l'outre-mer et Champlain abandonné n'est pas le pionnier d'une « belle province » québécoise où l'on parle... anglais. Mais ce repli forcé sur son pré carré permet aussi aux provinces de l'Ouest de connaître un développement industriel et agricole exceptionnel, grâce à leur gouvernement local et surtout à cette possibilité nouvelle de faire du commerce sans déroger, voilà qui porte au capitalisme une fraction notable de la rente nobiliaire. Avec cent ans d'avance sur l'Angleterre et la Prusse, c'est un pays déjà moderne qui, sous le règne d'un Orléans, conteste le joug de l'Autriche et de l'Italie.

Quant à Richelieu, quand il meurt en 1643, il laisse une papauté si reconnaissante qu'elle décide de placer son chapeau dans la nef de Saint-Pierre de Rome, tandis que son corps est enterré à Saint-Jean-de-Latran, presque comme celui d'un pape. On murmure que son seul regret fut de n'avoir pas créé une ville à son nom, qui aurait été, croyait-il, un modèle d'urbanisme moderne.

L'épilogue se laisse aisément deviner. Si Richelieu avait vraiment été disgracié, les Trois Mousquetaires auraient effectivement combattu le Cardinal et servi la Reine, dans le premier volume de leurs aventures. Richelieu aurait conduit le siège de La Rochelle et cherché à affaiblir l'Angleterre à l'aide de sa précieuse agente Milady de Winter, saisie finalement par le bourreau de Béthune. En revanche, *Vingt ans après* et *Le Vicomte de Bragelonne* auraient répondu à des scénarios différents. D'Artagnan, Athos, Portos et Aramis auraient sûrement préféré aller aider le comte Olivares frappé d'exil en 1643, plutôt que de se rendre au chevet de Charles Ier d'Angleterre. Le masque de fer et l'éventuel frère jumeau de Louis XIV n'auraient été pour eux que chimères. Au lieu de cela, une solide intrigue en terre bretonne pour faire rentrer dans le droit chemin un seigneur rebelle aurait été le moyen formidable d'illustrer la conversion de d'Artagnan, naguère mousquetaire pour l'honneur de son sang et finalement soldat au service de la loi, seul instrument de reconstruction d'un État centralisateur.

Chapitre 8

Louis XVI réussit la fuite à Montmédy

La route a été longue et l'inquiétude a gagné les voyageurs lors de la halte à Sainte-Menehould. Le maître des postes, Drouet, et bientôt la municipalité, ont été sourcilleux. Il s'en est fallu de peu que le roi ne soit reconnu. Le carrosse est cependant reparti. Les chevaux, pressés par le cocher, ne soufflent guère qu'en atteignant Varennes et permettent à l'équipage de passer avant Drouet ce nœud de communication. La ville est paisible, dans le jour déclinant, comme engourdie par l'été qui vient. En traversant le pont, puis en sortant de la petite ville, après un contrôle assez sommaire, Louis XVI ignore encore que, sur les hauteurs, à quelques kilomètres, les cavaliers du marquis de Bouillé sont en train de se regrouper pour assurer ses arrières. Quand il entend leurs sabots battre la route, le dauphin Louis, un peu effrayé, glisse un regard par la porte et aperçoit un bel uniforme de dragon. Le soulagement, voire l'euphorie, gagne les passagers. Le roi est maintenant entouré de troupes qui ne remettent pas en cause son autorité. Déjà se profile la place forte de Montmédy vers laquelle convergent les hussards commandés par M. de Choiseul et les autres troupes prévues en couverture. Choiseul est accueilli par la reine avec un geste hautain, car elle ne lui pardonne pas encore son absence au Pont-de-Somme-Vesle et la déception qu'elle en a éprouvée. Mais, pour l'heure, tout va bien. Les dragons du comte d'Andoins, en retard, rejoignent le groupe. Une petite armée, sous l'autorité de Bouillé, est assemblée autour de Marie-Antoinette et de son époux. Confiants, les hommes reçoivent la parole de leur chef suprême, le roi de France. Le propos est bref, pour remercier chacun de l'aide apportée à ce qu'il appelle, par euphémisme, « sa visite vers ses bons sujets ».

Comment le souverain enfermé aux Tuileries est-il parvenu à fuir Lafayette, qui avait promis sur sa vie de le garder ? Qui ont été ses complices ? Quelles sont surtout ses intentions ? Telles auraient été les questions qui auraient agité l'Europe entière si Louis XVI était parvenu à s'échapper et à rassembler des forces dévouées à sa cause en juin 1791, au lieu de se faire ridiculement arrêter à Varennes. Les détails auraient tenu du mythe : la famille royale déguisée, le carrosse construit tout exprès pour la fuite par le comte de Fersen, la course de vitesse avec les envoyés de l'Assemblée et avec Drouet, et finalement la jonction à Montmédy. Mais les questions politiques auraient été déterminantes. Car les rapports de force et de légitimité auraient été totalement changés. Et le retournement de situation aurait été sensible dès la proclamation que le roi aurait lancée depuis Montmédy, premier jalon d'une histoire qui aurait donné un autre visage à la France.

La proclamation s'intègre dans un programme politique préparé avant l'évasion, mais elle prend un autre sens à la lumière de la liberté nouvelle et des rumeurs d'agitation qui circulent au lendemain de sa fuite. Louis XVI y reconnaît l'intangibilité des changements survenus depuis les deux dernières années, sans les préciser. Puis, il dénonce l'état de division du pays qu'il attribue aux partis agitant l'opinion. Il faudra mettre fin à leurs abus et à la terrible descente vers l'abîme que les factieux ont infligée à la France. Au peuple, en revanche, il adresse une déclaration d'amour : ses sujets ont été trompés par de mauvais prêcheurs, qui ont brisé jusqu'à l'unité de la foi, en scindant le clergé en deux, en exigeant le stupide serment à la Révolution. Ensuite, le roi prend la défense de l'émigration et prône une juste indemnisation de ceux qui ont souffert dans leurs biens. Il invite finalement les citoyens à reprendre leurs affaires et à remettre le royaume sur le « chemin de nos pères », pour la « sûreté de tous ». L'idée de constitution est absente du propos dont l'ambition est, sinon de revenir à l'avant-1789, du moins de mettre fin aux atteintes à la prérogative royale.

Mesuré dans son propos, Louis XVI agit avec modération. Il fait converger vers la Lorraine les régiments fidèles et adresse des émissaires à l'Assemblée afin d'ouvrir des négociations et d'éviter la guerre civile. Il se figure le désarroi de ses anciens geôliers et l'inquiétude du peuple révolutionnaire, qui redoute une répression féroce.

À Paris, les patriotes ont tenté de masquer un moment la situation. Ils ont entretenu la fable de l'enlèvement jusqu'à l'arrivée des premiers courriers royaux. Alors, une violente dispute a éclaté à l'Assemblée. Aux triumvirs et à Lafayette qui prônent l'ordre et la pondération, ont répondu les accusations de Danton. Lafayette ? Un traître, un incapable. Certes, Danton estime le général pour ses faits d'armes passés, mais son incompétence actuelle place le gouvernement dans une situation honteuse. Robespierre, de son côté, a repris son discours prophétique sur la guerre, dénonçant l'évidente collusion entre Louis XVI et les autres monarques, tous prêts à déferler sur le pays pour y déchaîner leurs hordes sanglantes, pour piller et ravager la campagne. Les monarchistes constitutionnels et les jacobins modérés ont tenté de répliquer par des paroles d'apaisement, mais le climat des rues pèse sur le débat. La presse, en effet, relaie le conflit. *L'Ami du peuple* de Marat mobilise la gauche en inventant un supposé projet royal de Saint-Barthélemy des patriotes. *L'Ami du roi,* quant à lui, moque les prétentions jacobines en anticipant une dictature au nom du peuple. L'invective remplace, en somme, l'analyse, et l'empire de la peur triomphe de la raison, dont la Révolution avait voulu faire un phare. Une rupture s'opère entre ceux qui espèrent l'accommodement avec le roi et ceux qui le refusent.

La capitale connaît alors une série de journées chaudes, car les membres du club des Cordeliers et les jacobins radicaux veulent obtenir la déchéance du roi et l'adoption d'une Constitution républicaine. Loin d'obtenir un consensus à la Chambre, ils font pression sur les parlementaires grâce à la rue. Conscients qu'ils risquent plus à suivre ce mouvement qu'à tenter la conciliation avec le roi, Barnave et Sieyès font barrage et mobilisent la garde nationale, qui conserve son attachement à Lafayette, son général. Les heurts sont fréquents en ce début de mois de juillet 1791 et le couvre-feu ternit l'anniversaire de la fête de la Fédération et de la prise de la Bastille. En province, la situation n'est pas moins confuse. Plusieurs villes se sont déclarées pour le roi, suivant l'influence qu'y exercent les comités révolutionnaires et les gouverneurs militaires. L'est et le nord de la France penchent pour le roi, tout comme une partie de la Bretagne et de la Vendée. Mais, ici aussi, les désaccords entre révolutionnaires occasionnent des violences qui sèment la confusion. À Lyon, les gardes nationaux suivent le parti des républicains et poussent la municipalité à prendre des mesures d'arrestations préventives envers les traîtres supposés à la Révolution : les voici emprisonnant des membres du Club de 1789 et des royalistes réactionnaires dans un même mouvement. La nouvelle attise les oppositions dans la capitale qui glisse dans la guerre civile. La Révolution dévore ses enfants, sous le regard atterré d'un roi répugnant à la violence.

L'été 1791 semble une veillée d'armes avant la grande conflagration. Pourtant, en sous-main, les négociations vont bon train. Fort de sa position diplomatique, du soutien des grandes monarchies, des subsides qu'il a réussi à lever dans les provinces de l'Est et du maintien de forces militaires sous son contrôle, Louis XVI refuse d'accorder une constitution. De leur côté, les constituants ne peuvent céder sur ce point, poussés qu'ils sont par la propagande jacobine. Pas question de restituer les anciens droits et privilèges. La figure du roi a perdu une bonne part de sa dimension religieuse. Elle reste cependant rassurante, et les royalistes usent de l'argument pour contrebalancer l'action des démocrates. Sans Louis XVI, disent-ils, la France ne sera plus un pays.

Sentant la situation lui échapper, Louis XVI joue la politique du pire. Il somme le gouvernement constituant de bannir les républicains, dans un manifeste qu'il lance à grand renfort de presse, en septembre 1791. Devant son refus, il marche vers Paris avec les troupes levées dans l'été, dont une grande part a été fournie par l'électeur de Prusse et Joseph II, le frère de Marie-Antoinette, soucieux d'éviter une contagion révolutionnaire. La réponse par la levée patriotique fournit des effectifs suffisants pour bloquer l'avance royale, mais mal armés et peu entraînés, les républicains sont défaits.

La restauration monarchique permet le développement lent d'un régime représentatif. La dette française implique, en effet, de nouveaux impôts. Or, le roi lui-même a admis la nécessité de réunir une assemblée pour cela. Le gouvernement qu'il a nommé rassemble les forces qui reconnaissent la royauté, des ultraconservateurs aux libéraux. Au conseil siègent Barnave, jugé conciliant, Bouillé, pour les services rendus, et le comte d'Artois en représentant de l'émigration.

La réconciliation ne dure guère. La liberté de la presse, quoique entamée par une législation restrictive, favorise la renaissance des partis. La libération des républicains par mesure de clémence accélère la reconstruction d'une opposition de régime qui discrètement s'arme. De Belgique et d'Angleterre, le parti populiste emmené par Marat, condamné à l'exil, fomente plusieurs attentats qui aboutissent le 4 août 1792 à l'assassinat de Saint-Cloud. Le roi et son escorte sont tués par l'explosion d'une machine infernale, alors que le souverain venait d'entendre une messe dite par un prêtre réfractaire. Frappé de consternation, la France retrouve la voie des *Te Deum* et porte un véritable deuil national. Le meurtre ruine durablement les espoirs du parti républicain.

Organisé en urgence, le conseil de régence confie l'effectivité des pouvoirs à Marie-Antoinette. La régente jouit d'une réelle popularité. Elle a su être discrète depuis son retour en France et attiser la sympathie du petit peuple après la mort de son époux. Sur les hommes politiques, elle exerce sa séduction et fait montre d'autorité et d'un réel sens politique. C'est elle qui appelle Condorcet au conseil et le pousse à soutenir le droit des femmes. Elle encore qui promeut une génération de jeunes militaires qui lui devront leur carrière. Elle distingue notamment un jeune capitaine d'artillerie qui a quitté le parti révolutionnaire pour embrasser le monarchisme, un Corse du nom de Buonaparte. Elle s'entoure d'experts et de savants qui suggèrent de faire évoluer les institutions traditionnelles vers un cadre qui place le roi hors du danger de la critique.

Les six années de régence font véritablement entrer la France dans la politique moderne. Car la reine a imaginé le système des états généraux permanents. L'Assemblée a pour fonction de tenir les finances et de s'appuyer sur les doléances rédigées annuellement pour forger des codes et unifier le droit. Une gigantesque administration est donc donnée aux états. Cette bureaucratie dépendant de la royauté au service des députés aux états fait exploser la notion d'office. Elle correspond à une véritable fonction publique au service du peuple, au nom du roi. Le palais des Tuileries, abhorré de la reine, est le double siège de cette administration et des états. Elle a choisi de construire en hâte une nouvelle demeure, dans la nouvelle Athènes, un quartier en plein essor, proche de l'actuel Opéra.

À la faveur de ce pouvoir ferme et tolérant, la liberté de la presse refleurit, les mœurs se font plus libérales et le luxe se développe. Paris attire les regards de toute l'Europe. Marie-Antoinette favorise le développement du théâtre. Elle ouvre le premier musée fixe de figures de cire après s'être amusée à voir les expositions foraines de

M. Tussaud qu'elle a fait venir à Versailles. L'explosion du commerce suit la réforme monétaire mise en place pour soutenir les assignats. Elle consacre la remarquable avance française en matière de monnaie papier. La banque française devra longtemps à la monarchie maintenue sa technicité financière.

Au début du règne personnel de Louis XVII, en 1798, la France semble dans une situation rare d'opulence. Le souverain ne s'écarte guère de la voie tracée par sa mère. Fort d'une population en pleine expansion, le roi favorise les projets de développement coloniaux. Il reprend les colonies de peuplement et conduit une répression féroce des révoltes d'esclaves dans les îles Caraïbes. La suppression du servage et de l'esclavage dans les territoires métropolitains ne gêne en rien leur poursuite outre-mer. La Louisiane focalise l'attention à cause de son riche potentiel. Malgré l'alliance américaine, la France refuse de la vendre. Cette triste décision est à l'origine de la guerre franco-américaine de 1845-1848. La défaite rapide de la France sur terre, la prise de La Nouvelle-Orléans, le long conflit sur mer ont ruiné le commerce et fragilisé l'économie du pays. La crise économique se double d'une crise nationale et institutionnelle : remise en cause de la stratégie militaire ; agitation populaire et ruine des grandes familles. En février 1848, Louis XVII est contraint à l'abdication et à l'exil, après un règne de quarante ans, plus court que ceux de Louis XIV et Louis XV. Il laisse le pouvoir à son fils Louis XVIII, qui accepte le principe d'une constitution et d'un parlement élu au suffrage universel masculin. Il suit ainsi le mouvement de démocratisation de l'époque. Son ministre des Affaires étrangères Alexis de Tocqueville a été choisi pour mener une politique étrangère conciliante avec les États-Unis. Les diplomates monarchistes et démocrates ne peuvent cependant éviter les transformations économiques, la baisse des tarifs douaniers, puis la concurrence de l'agriculture du Nouveau Monde.

En 1889, la célébration du centenaire de la Révolution est conduite par les républicains qui forment un parti minoritaire bien que représenté à l'Assemblée. Les socialistes, mieux implantés dans l'électorat, leur tiennent compagnie, mais profitent de cet anniversaire pour rompre avec le mouvement anarchiste, encore terroriste. Ils ont beau dénoncer les mesures de répression de la gauche et la suspension du droit syndical après un attentat à la Chambre, ils se tiennent dans une position pacifique qui en fera bientôt l'opposition de Sa Majesté. Ils maintiennent des liens avec les travailleurs poussés à l'émigration à cause du croît démographique. Le drapeau rouge n'aurait pas forcément été leur symbole car les journées du Champ-de-Mars auraient connu un autre déroulement en 1791. Les socialistes lui auraient préféré le tricolore, emblème de la nation et non couleur de la dynastie des Bourbons. Le blanc à fleur de lys se serait vu dans les mairies, encadrant les portraits successifs des rois.

À l'aube du XXe siècle, la France aurait joui de sa paix pour exporter non pas des idées révolutionnaires à travers le monde, mais plutôt un art de vivre et des ouvriers reconnus pour leur respect des hiérarchies sociales et de la discipline. Les États-Unis seraient restés la grande patrie des droits de l'homme. La philosophie politique française aurait creusé le sillon des défauts démocratiques pour mieux lutter contre le libéralisme ambiant. Si Louis XVI avait donc pu fuir à Montmédy, la France se serait épargné l'hypocrisie d'une monarchie déguisée en république et le théâtre d'une élite d'héritiers se prenant pour une noblesse du mérite. Le pays n'aurait pas cru que la dénonciation est un acte patriotique méritant l'éloge et la mémoire collective. En somme, l'histoire nationale n'aurait pas de place pour les Drouet.

Chapitre 9

Napoléon est battu à Austerlitz

Comment avait-il pu commettre pareille erreur ? Confier à ce lambin de Bernadotte la mission de contenir au sud les Austro-Russes. Napoléon lui avait ordonné de ramener à marche forcée les troupes du 3e corps depuis Vienne et de verrouiller la position de Telniz. Et voilà qu'une estafette l'informait que l'ineffable Belle Jambe, surnom gagné dans les guinguettes républicaines et pas à la tête de ses cuirassiers, venait de bivouaquer à l'abbaye de Raigern, à six kilomètres de Telniz. Pire, il n'y avait autour de lui que quelques centaines de soldats harassés et transis, le reste s'égrapillant le long de la route menant à Vienne. Pendant ce temps, le général Legrand, assailli à un contre dix, se retirait en profitant du brouillard pour sauver une poignée d'hommes.

De son côté, Bernadotte était aussi en plein brouillard, mais tactique celui-là. Il était en retard, inquiet de la prévisible fureur impériale et surtout contrarié d'être cantonné à une tâche qu'il jugeait subalterne. D'où l'erreur commise, par paresse et frustration, d'adopter la défense en ligne. Certes, les Français étaient en infériorité numérique, affaiblis par une longue marche, mal nourris mais, en installant ses bataillons en redoutes statiques, il pensait gagner les trois heures nécessaires au succès de la manœuvre impériale. Mais pas plus le 48e que le 111e de ligne ne parvinrent à disloquer l'avance des colonnes russes : on se battit au corps à corps dans Telniz et Sokolniz ; Lochet et ses hommes défendirent chaque maison. En vain : à 9 heures du matin, quand le brouillard se dissipa enfin, les fumées qui accompagnaient la poussée des Russes vers ses arrières étaient autant de signaux de mauvais augure pour Bonaparte.

Décidément, Bernadotte était l'incapable que redoutait Napoléon[1] : il lui avait conseillé d'« économiser ses forces », c'est-à-dire de hiérarchiser les objectifs et de porter à l'ennemi des coups choisis afin de désorganiser ses mouvements et de l'obliger à reculer pour reformer ses colonnes. Au lieu de quoi, la fausse manœuvre de Bernadotte obligeait Napoléon à changer ses plans : plus question d'envelopper l'adversaire, il fallait livrer une bataille ligne contre ligne à un contre quatre. Pour comble de malchance, Bagration et la garde russe s'étaient regroupés sur le plateau de Pratzen.

1. En 1809, il le congédiera du champ de bataille de Wagram pour ce motif.

L'empereur, l'œil rivé à sa lunette, observe d'interminables minutes le champ de bataille ; Soult, Lannes, Murat, Oudinot, le pressent de lancer l'assaut. À vrai dire, entre les lambeaux du brouillard, les nuages de la canonnade, les feux de ligne et la crasse qui empêche de distinguer la couleur des uniformes, Napoléon n'y voit goutte. Lui qui a toujours compté sur la justesse de son coup d'œil pour décider au bon moment de la stratégie idéale, ne saisit plus l'intelligence de la bataille qui se joue.

Napoléon se tourne enfin vers Soult : « Combien de temps vous faut-il pour couronner ce sommet ? – Dix minutes », répond l'officier. Les Français s'élancent mais, à la surprise de l'empereur qui avait pourtant expliqué la manœuvre cinq jours plus tôt à ses généraux, au lieu de monter sur une ligne, le reste des régiments suivant en colonne, ils grimpent en file indienne, à l'aveuglette, infanterie légère et artillerie en tête. On se croirait à Valmy. Mais ce remake de la *furia francese* supposait effet de surprise et rapidité conjugués, faute de quoi les soldats étaient exposés à une contre-attaque de flanc.

Le vieux Koutouzov n'est pas long à saisir l'aubaine. Muré depuis trois jours dans une torpeur silencieuse que l'état-major attribuait à l'âge et à la vodka, le général russe expédie un bataillon bloquer le village de Pratzen et, presque un crime de lèse-majesté dans cette armée où un titre de noblesse compte davantage qu'un grade, il ordonne au grand-duc Constantin, le frère du tsar, de soulager la IVe armée. La garde russe balaie le 4e de ligne et le 24e léger, permettant aux batteries de Semenovski de foudroyer les colonnes parties à l'assaut du plateau. Lancer la garde impériale ? Impossible, elle serait prise en étau par la remontée des Austro-Russes qui avaient débordé Bernadotte. L'essentiel est d'échapper à la poursuite des « géants d'Alexandre ». En ce 2 décembre 1805, voilà Napoléon général d'une Grande Armée errant à plus de mille kilomètres de Paris et songeant d'abord à sauver sa peau.

Quarante jours après le désastre de Trafalgar, ce second revers aurait sans doute sonné le glas de l'Empire, mais pas de son chef. Pour les peuples européens en effet, la prévisible fin des hostilités aurait annoncé le retour à un âge d'or à peine savouré quatre ans auparavant : la chance d'une paix durable – et pourquoi pas « perpétuelle », pour ceux qui avaient lu les projets de Kant ? En 1801, quatre traités successifs[1] avaient semblé clore une décennie de guerres continues. Or Bonaparte avait été le chef d'orchestre de ce grand jeu diplomatique et les dividendes de ce succès étaient si considérables qu'on imagine mal l'opinion française se détourner de son « pacificateur », surtout après deux défaites, et l'opinion européenne ne pas se contenter de voir le « torrent révolutionnaire » français enfin endigué, sans même songer à l'assécher.

1. Il s'agit des paix de Lunéville, 9 février, avec l'Autriche ; d'Aranjuez, 21 mars, avec l'Espagne ; de Florence, 28 mars, avec le royaume de Naples et d'Amiens, le 25 mars 1802, avec l'Angleterre.

Tabler sur la chute de Napoléon, ce serait surtout négliger les prodigieuses ressources de son esprit, capable de créer de toute situation des rapports inaperçus, de croire qu'à force de vaincre les obstacles, il les surmonterait toujours.

Au reste, il lui aurait suffi d'exhumer le programme rédigé par l'un de ses soutiens lors du coup d'État de Brumaire : dans un article de *La Décade philosophique* du 1er novembre 1799, Daunou avait en effet démontré combien il avait été suicidaire pour la République de fixer des limites constitutionnelles à la Grande Nation, ce qui avait tétanisé les partisans du *statu quo* européen, Russie et Autriche en tête. Daunou suggérait de procéder à quelques rectifications de frontière en Wallonie et en Sarre, ce qui aurait assuré à la France le contrôle de sa frontière rhénane, obsession nationale depuis Richelieu, sans chambouler l'ordre international.

En réendossant les habits et les idées du Premier Consul, Napoléon aurait ainsi fait d'une pierre trois coups. Ce règlement rapide aurait écarté la nécessité d'une restauration, perspective honnie des Français à cette époque et solution sans avantage diplomatique pour les vainqueurs d'Austerlitz, tout comme le danger (vu d'Europe) d'une revanche révolutionnaire. Le rêve expansionniste impérial évanoui, la France bourgeoise aurait profité de sa révolution. En deuxième lieu, contraint de traiter avec Vienne et Saint-Pétersbourg seuls, Napoléon aurait paradoxalement atteint son ambition majeure : mettre le Royaume-

Uni hors jeu de l'Europe. Âme de la remise en ordre, le tsar Alexandre Ier n'aurait eu aucun gage à donner à Pitt ; du coup, la Saint-Alliance antirévolutionnaire concoctée par le Premier ministre anglais huit mois auparavant serait devenue caduque. Plus question de corseter la France entre des Pays-Bas agrandis jusqu'à Dunkerque, un Piémont grossi jusqu'à la Côte d'Azur et une Prusse établie sur le Rhin. Au contraire, à quelques semaines de sa mort, Pitt aurait vu se concrétiser le cauchemar des Anglais : les Français maîtres d'Anvers, « ce pistolet pointé sur le cœur de l'Angleterre ».

La défaite d'Austerlitz aurait enfin validé la stratégie diplomatique de Talleyrand. Selon le principe du billard où l'important est de jouer toujours deux boules contre une, ce qui permet un effet de bascule opportuniste (le « renversement des alliances »), Talleyrand aurait proposé à l'empereur d'Autriche de renouer la fameuse alliance de 1756 conclue du temps de Choiseul. Il aurait d'autant plus volontiers offert des États tampons sur le Danube inférieur, en Bavière ou en Italie que cela aurait opposé les intérêts des Habsbourg à ceux des Romanov et des Hohenzollern. Quant à la Russie, Talleyrand aurait soutenu ses prétentions d'une fédération slave construite sur les ruines de l'Empire ottoman avec Constantinople pour capitale et Malte pour tête de pont en Méditerranée, perspective intolérable aux Britanniques comme aux Autrichiens. Superbe manœuvre probablement soutenue par Czartoryski, ministre russe des Affaires étrangères, obnubilé par le panslavisme et l'expansion orientale de son pays, ainsi que par son homologue autrichien Cobenzl, favorable à la paix pour sauver ce qui restait du Saint Empire romain germanique.

On a gardé le meilleur pour la fin : ces diverses dispositions auraient assuré, sans doute pour un bon siècle, le démembrement et l'encerclement de l'Allemagne, soit les deux principes fondateurs de la stratégie continentale française. Resté en dehors de la troisième coalition parce qu'il avait été impressionné par les menaces diffusées contre son royaume dans les *Bulletins de la Grande Armée*, Frédéric-Guillaume de Prusse n'aurait pas plus joué les médiateurs que profité de la défaite française pour augmenter ses possessions. Au contraire, si Czartoryski avait mis en place son « empire slave », la Russie aurait exigé de la Prusse les territoires que celle-ci contrôlait en Pologne. Au lieu de se forger un destin unificateur, la Prusse du XIXe siècle aurait dû lutter à nouveau pour sa survie, coincée qu'elle eût été entre les ogres russe et autrichien.

Quant à l'Allemagne centrale et méridionale, rien ne se serait opposé à la mise en application du fameux recès de février 1803[1], le nouveau statut des États germaniques imposé à la Diète par Bonaparte, avec le soutien de la

1. Nom donné aux procès-verbaux des Diètes germaniques, remis aux délégués lorsqu'ils se séparaient. Celui de 1803 désigne la résolution de la dernière Diète, le 25 février 1803, qui ordonna notamment la sécularisation de certains États du Saint Empire.

Russie ! Sur les dépouilles des principautés ecclésiastiques et des villes libres (il n'en restait que 6 sur 51), les États protestants auraient servi de tampons contre l'Autriche catholique et ceux du Sud, indépendamment de leur religion, seraient entrés dans la clientèle de la France. Ce morcellement, garanti par la paralysie institutionnelle résultant du recès, couplé à l'encerclement conjoint par la France, l'Autriche et la Russie, aurait vitrifié la menace allemande.

Alors, Bonaparte aurait pu légitimement revendiquer la concrétisation de cette vieille lune : l'exception française. Non pas, comme on le croit à tort, la prétention à la différence ou à la particularité, réflexe commun aux nations. Mais la manifestation tangible d'un sentiment de supériorité, nourri d'un rêve de prééminence né à l'âge louis-quatorzien, obscurci en 1763 par la catastrophe de la guerre de Sept Ans, puis rebronzé au feu de la Révolution française et de l'épopée napoléonienne. Or ce mythe fonctionne aussi bien porté par la puissance que comme consolation à la grandeur évanouie. Et nul mieux que Napoléon n'a su l'utiliser dans ses deux acceptions, transmuant la France en un royaume béni dont la grandeur et la réputation échappent même aux désastres. Nul doute donc qu'il aurait eu le génie d'une de ses proclamations écrites dans l'urgence d'une course contre la montre alors que le pays aurait vacillé après la défaite. Exaltant, sans doute avec le même succès qu'au printemps 1815 lors du vol de l'Aigle, le corps glorieux de la France des rois et de la Révolution, il aurait convaincu compatriotes et adversaires que son pays disposait de cette capacité unique à comprendre où se situait le destin d'une Europe forcément française. En un sens, le vaincu d'Austerlitz aurait dit, un siècle et demi avant un autre général : « Je vous ai compris. »

Chapitre 10

La guerre de 1870 n'a pas eu lieu

En être là à cause d'une vessie obstruée par un calcul, quelle ironie pour un homme qui a passé la moitié de sa vie à manigancer des complots. Un mois plus tôt, Napoléon III pouvait encore tergiverser et préparer à tout hasard un projet d'abdication en faveur de son fils ; mais, en ce 2 juillet 1870, la crise d'urémie fatale se profilait. Au pire moment puisqu'il venait d'apprendre la candidature officielle du prince Léopold de Hohenzollern, un Prussien, au trône d'Espagne. Tous les va-t-en-guerre tricolores, aiguillonnés par l'impératrice Eugénie, allaient crier à la reconstitution de l'empire de Charles Quint. Il était hors de question que ces exaltés idolâtres de la patrie lui gâchent cet « empire libéral » que le plébiscite du 8 mai venait de cautionner. Sauf que, pour contrecarrer la manœuvre de Bismarck, le mauvais génie de l'affaire espagnole, il fallait disposer de toutes ses facultés intellectuelles et physiques, et non pas se traîner comme maintenant, emmitouflé dans une couverture en plein été. Autrement dit, jouer sa vie sur le coup de dés d'une opération.

Napoléon III a convoqué au château de Saint-Cloud deux sommités médicales, Germain Sée et Auguste Nélaton. Blotti au coin du feu, le visage impassible et le regard aussi terne que ces culs-de-bouteille au travers desquels on ne voit rien, le Volpone impérial observe le duel des deux médecins. Nélaton, il le connaît bien ; il l'a fait sénateur pour services rendus au progrès et à l'Empire. Quand il entend le professeur de clinique chirurgicale, membre de l'Académie des sciences, lui décrire l'agonie du maréchal Niel, opéré sans succès l'année précédente d'un identique calcul urinaire, il comprend que l'essentiel est de gagner un peu de temps pour des élites impériales rassurées sur l'avenir du régime, avec ou sans Louis-Napoléon. Sée n'a pas ces prudences intéressées ; lui croit en la chirurgie et en cette technique de sondage qu'on vient d'expérimenter en Angleterre. Seulement, ce professeur de pathologie à la faculté de médecine de Paris est réputé républicain. Faut-il confier et son corps et l'Empire au diable ?

Peut-être parce qu'il se fiait, comme son oncle Napoléon, à son étoile et à « cette folie qui, plus que sa raison, selon Tocqueville, fit son succès et sa force grâce aux circonstances », Napoléon III choisit de s'en remettre à Sée. Le soir même, on l'opéra. Huit jours plus tard, c'était un homme de 62 ans ragaillardi qui entreprit de torpiller le plan prussien.

Pourtant, il était presque trop tard, tant Bismarck et les boutefeux nationalistes français avaient excité les opinions. Le chancelier tenait son prétexte pour déclencher la guerre. Depuis huit mois, il couvrait d'or certains députés espagnols pour que ceux-ci offrent le trône à Léopold ; malgré les réticences de son roi Guillaume Ier, il était revenu à la charge, appuyé par le ministre de la Guerre Roon, et avait mis sa démission dans la balance. Les rodomontades du ministre des Affaires étrangères français, le duc de Gramont, comblaient ses vœux : le 6 juillet, celui-ci déclarait devant le corps législatif que l'ambassadeur de France en Prusse avait reçu l'ordre d'exiger un désistement officiel de Léopold, cautionné par Guillaume Ier. Faire jouer au roi le rôle de « pécheur repentant », voilà qui l'exaspérerait et emporterait sa décision.

C'était compter sans l'habileté manœuvrière de Napoléon III. Il se montrerait pacifiste pour deux. Le 10 juillet, il révoque Gramont et l'ambassadeur Benedetti, remplacé – à l'insu de Bismarck – par Adolphe Thiers ! Un opposant à l'Empire, mais surtout un habile négociateur doublé d'un germanophile. Le 11, cédant aux conseils de prudence adressés, à la demande de Napoléon III, par la reine Victoria, le tsar et le roi des Belges, Guillaume Ier acte le retrait de la candidature de Léopold. En échange, Thiers a promis que se tiendrait un nouveau congrès de Vienne, chargé de redéfinir les contours de l'Europe du XIXe siècle.

Restait le plus délicat pour Napoléon III : circonvenir l'impératrice Eugénie, égérie des ultras bonapartistes, acharnée à la ruine de l'empire libéral. Ironie de l'histoire, le séducteur impénitent qu'était Louis-Napoléon disposait d'un précieux renseignement d'alcôve : l'année précédente, à l'occasion des festivités qui avaient accompagné l'inauguration du canal de Suez, l'impératrice avait eu des faiblesses pour le séduisant khédive d'Égypte. Il lui mit le marché en main : soit elle se retirait pour six mois à Biarritz, soit – comme son oncle encore – il divorçait sur-le-champ.

Le 12 juillet, Eugénie prenait le train pour Biarritz ; le soir même Bismarck et Roon démissionnaient. Le lendemain, Napoléon III lançait à son ministre, Émile Ollivier : « Vous ne pensiez quand même pas que j'allais faire la guerre pour une question d'étiquette. »

Deux ans plus tard, Victoria et Napoléon III auraient ouvert les travaux du congrès de Vienne. La reine d'Angleterre, parente de toutes les têtes couronnées d'Europe, aurait symbolisé la concorde diplomatique retrouvée et la force des monarchies parlementaires, vecteurs de la démocratisation de l'Europe, Russie comprise. Quant à l'empereur, son sang-froid et sa *vista* pendant la crise de 1870 l'auraient imposé en sage de l'Europe, attentif aux aspirations des nationalités autant qu'au maintien de la paix. Pour éviter de froisser la susceptibilité prussienne, Victoria et Louis-Napoléon auraient demandé à l'ancien ambassadeur américain en France Elihu Washburne de présider les débats. Conseiller du président Grant élu après la guerre de Sécession sur le slogan « Faisons la paix », Washburne aurait proposé un plan similaire : l'industrie et le commerce constituant les meilleurs antidotes à la guerre, l'Europe n'avait qu'à adopter pour son compte le principe de la porte ouverte, cher à Washington. Le plan Washburne aurait ainsi incité catholiques bavarois et autrichiens à conclure une union douanière, contrepoids à la puissance économique de la protestante Allemagne du Nord. Simultanément, au vu des gisements de charbon et de fer découverts sur les deux rives du Rhin – au Luxembourg, en Sarre et en Alsace-Lorraine (forcément française) –, un pool du charbon et de l'acier aurait été confié à une holding Krupp-Wendel.

Quant à Napoléon III, il aurait montré son savoir-faire dans l'épineuse question des Balkans. Le souvenir de sa campagne victorieuse en Crimée et du soutien apporté par lui aux indépendantistes roumains, combiné avec la présence française en Égypte et au Liban, l'aurait placé en arbitre naturel puisque l'Empire était le seul pays à ne rien convoiter. Voilà qui en aurait fait l'avocat d'un double marchandage. L'évacuation de la Bulgarie par les troupes du sultan Abdülhamid II mettrait fin au massacre des chrétiens et offrirait une zone d'influence à la Russie, toujours obnubilée par son panslavisme, en échange de quoi celle-ci renoncerait à ses vues sur Constantinople, ce qui rassurerait les Britanniques. On donnerait la Bosnie-Herzégovine à l'Autriche de François-Joseph en échange de Trieste pour la jeune Italie, de l'indépendance pour la Serbie et de la reconnaissance officielle d'une Turquie d'Europe, allant du Monténégro à Salonique, ce qui légitimerait l'adhésion de l'Empire ottoman aux unions douanières européennes et faciliterait sa modernisation économique. Lord Granville, ministre des Affaires étrangères britannique, aurait alors conclu le congrès par sa formule célèbre, lancée en juin 1870 : « Je ne vois pas un seul nuage dans le ciel de l'Europe. »

La viabilité du pronostic aurait reposé en partie sur la manière dont les successions dynastiques allaient s'opérer. Imaginons par exemple qu'au décès de son père Guillaume, en 1888, Frédéric, le nouveau roi de Prusse, ne soit pas mort d'un cancer de la gorge quelques mois après son couronnement. Marié à l'une des filles de Victoria, le « cher Vicky », son surnom à Buckingham, était un anglophile patenté. Pas question alors d'engager son pays dans la course aux armements navals. Au contraire, avec sa belle-mère, ils auraient cornaqué les débuts de Napoléon IV, monté sur le trône huit ou dix ans auparavant. Sur leurs conseils, ce prince anglophile lui aussi aurait appelé à la présidence du Conseil le comte Albert de Mun, signant la réconciliation des légitimistes et des orléanistes avec les Bonaparte. Sous le contrôle grandissant des fonctionnaires – on en comptait un pour mille habitants en 1850, mais un pour cinq cents quarante ans plus tard –, une Europe monarchique, libérale et parlementaire aurait prospéré.

Mais les âges d'or n'existent que dans les livres et les souvenirs. Car la course aux empires coloniaux aurait provoqué le même genre d'affrontements que ceux que nous avons connus. De surcroît, les Prussiens, en mal d'unité allemande et de territoires, auraient cette fois été des colonisateurs forcenés. Au lieu d'un Fachoda ou d'un coup de Tanger, l'Afrique et l'Asie auraient été le théâtre d'une guérilla exportée par les colonisateurs. Et pour le coup, les États-Unis auraient été en peine de jouer les médiateurs, comme en 1906 ou en 1911, parce qu'ils auraient été à la fois exposés à l'appétit européen en Amérique et concurrents de ces mêmes Européens ailleurs. Pour les colonisés, exploités par tout le monde, l'histoire n'eût pas été différente ; en revanche, cette mondialisation économique intervenue un siècle avant celle que nous vivons aurait produit un bénéfice aussi appréciable qu'inattendu en Europe.

L'immense appel d'air démographique qu'elle impliquait aurait entraîné le départ de quarante à cinquante millions d'Européens, raréfié la main-d'œuvre disponible sur le continent et contraint les entreprises à augmenter les salaires. Deux incertitudes séculaires auraient ainsi été levées : celle du travail et de la nourriture. À quoi bon rêver à un régime où serait supprimée toute autorité ou bien à une révolution des prolétaires ? Publié en 1902, le *Que faire ?* de Lénine aurait juste nourri les controverses enfumées d'une poignée de révolutionnaires cantonnés entre Genève et Zurich.

De même, cette Belle Époque prolongée n'aurait pas suffi à éradiquer l'antisémitisme. Il y a des eczémas mentaux qu'aucune pommade, même argentée, ne guérit. Mais elle en aurait sans doute atténué les manifestations et, de la sorte, compromis la carrière d'un dénommé Hitler. Pas de guerre, ni de 11 novembre 1918 traumatique pour lui, mais un service militaire ordinaire dans l'armée autrichienne, peut-être en Bosnie-Herzégovine. Et puis une vie banale de professeur de dessin dans sa ville natale de Braunau d'où il se serait échappé le temps d'aller au Kunstmuseum à Vienne copier des toiles dont personne n'aurait voulu parce que la mode n'était plus aux paysages bucoliques et aux scènes mythologiques. Sans doute militant d'un des nombreux cercles d'extrême droite dans l'Autriche-Hongrie des années 1930, il aurait eu beau protester contre la mainmise des juifs, des orthodoxes et des musulmans sur la Double Monarchie, qui aurait prêté l'oreille à ses élucubrations ? Imaginons-le plutôt enfin parti pour le voyage dont il rêvait, l'année de ses 60 ans, en 1949 : direction Paris, l'Opéra dont il connaissait le plan par cœur, le Trocadéro et la tour Eiffel dont il avait une photo dans son bureau, Montmartre et ses peintres – pas le Bateau-Lavoir, repère de métèques apatrides du genre de ce Picasso, mais la place du Tertre et ses chromos. Ça, c'était de la peinture. Et comme il arrive même pour les monstres, le choc esthétique aurait été si intense qu'Adolf Hitler serait mort, victime d'une crise cardiaque, à une table du *Lapin Agile*.

Chapitre 11

Septembre 1914, l'Allemagne a gagné la guerre

Et si le téléphone avait empêché une victoire éclair du Kaiser à l'été 1914 ? L'armée la mieux dotée du monde en moyens de communication, victime de sa propre efficience. Depuis son quartier général provisoire de Coblence, Helmut von Moltke dirigeait la manœuvre sur les fronts est et ouest ; c'était une telle promenade de santé qu'il espérait « en terminer avant six semaines ». Le plan de son génial prédécesseur Alfred von Schlieffen prouvait sa supériorité : par un gigantesque coup de faux, les 53 divisions allemandes placées à l'aile droite, côté Belgique, constituaient une telle masse de choc qu'elles forçaient les Français à reculer de quinze kilomètres par jour. À l'autre bout du front, 9 divisions bloquaient les velléités offensives de Foch en Lorraine.

Mais on n'est jamais à l'abri d'une bonne nouvelle. Le 21 août, le téléphone apprend à Moltke la victoire de Bülow à Mons-Charleroi ; le lendemain, c'est Dellmensingen qui lui annonce son succès à Morhange. Par la magie du fil qui chante, Moltke se croit en mesure de commander un *kriegspiel* européen, autrement dit de « refaire le match » à la manière d'un César ou d'un Bonaparte. Le voilà qui réédite la célébrissime manœuvre d'Hannibal, victorieux des Romains en 216 av. J.-C. Son second, le colonel Tappen, se transforme en dame des P. et T. : voilà 6 divisions (100 000 hommes) envoyées à l'Est alors qu'elles devaient consolider la poussée à droite ; et 7 autres enlevées à cette même aile droite pour aller assiéger Maubeuge, Givet et Anvers. Enfin, le plus inouï : le 26 août, Moltke appelle Ludendorff, chef d'état-major de la 8e Armée sur le front russe, pour lui annoncer l'envoi de trois divisions d'infanterie et une de cavalerie. Ludendorff a beau répondre qu'il n'a rien demandé, qu'il n'en a pas besoin, que les soldats arriveront après la bataille, c'est un ordre et on ne discute pas avec un téléphone.

En une semaine, Moltke a déplacé 40 divisions comme autant de soldats de plomb, sans se préoccuper du terrain, ni de l'épuisement des troupes. L'homme qui croyait tout connaître des théâtres d'opérations s'est fabriqué tout seul le film de sa défaite. Par l'entremise diabolique du téléphone, il voyait des Russes débarquer bientôt en Belgique après le coup de fil d'un « informateur », des Anglais arriver en masse à Ostende après qu'un de ses correspondants avait pris trois bataillons pour une armée de 40 000 hommes. Kluck le harcelait trois fois par jour pour exiger des renforts sur la ligne Amiens-Péronne ; Bülow exigeait le soutien de Kluck et, en Lorraine, le prince Ruprecht de Bavière ne répondait plus au téléphone mais attaquait à sa guise. Moltke se battait contre des troupes fantômes, s'inventait des contre-attaques ennemies. Résultat : le plan Schlieffen n'était plus qu'un chiffon de papier et la faux allemande ne coupait plus rien.

Gallieni avait beau préférer les pigeons voyageurs, détester s'entretenir avec Joffre au téléphone et ne rien comprendre à ce que lui disait l'Anglais French, il savait observer. Peu importait qu'entre le 5 et le 9 septembre, on ait « perdu » les Anglais du côté de la Somme, ils arriveraient bien assez tôt pour enfoncer un coin dans le dispositif allemand. Pas besoin de téléphone pour ordonner au troufion de faire demi-tour et de se lancer à l'assaut, ni pour réquisitionner les fameux taxis qui allaient sonner le glas des chimères stratégiques de Moltke. Il fallait juste se souvenir du récit d'Austerlitz dans les manuels d'Ernest Lavisse.

Imaginons que le commandant en chef s'en soit tenu à la lettre du plan Schlieffen. Verdun et les forts stratégiques de l'Est auraient été neutralisés (ce qui faillit se produire début septembre), Reims serait tombée vers le 10 septembre, permettant aux armées du Centre d'entamer leur jonction avec l'aile marchante de Kluck et de disperser les troupes françaises du côté de Melun. Quinze jours plus tard, les premiers Uhlans seraient venus patrouiller aux alentours de Bercy, tandis que le corps expéditionnaire britannique aurait réembarqué depuis Le Havre. Alors, le Lorrain Poincaré, inconsolable de sa province sans doute définitivement perdue, aurait cédé la présidence de la République à Joseph Caillaux, adversaire d'une inutile boucherie, et l'on aurait négocié, à Sans-Souci, le château des Hohenzollern, sous les regards du Grand Frédéric et de Bismarck.

À la différence notable de 1871, où les annexions avaient parachevé l'unification du Reich, l'Allemagne de 1914 n'aurait réclamé, en Europe, que quelques « pourboires » territoriaux : Nancy et le reste de la Lorraine, terre germanique selon Berlin ; une bonne moitié de la Wallonie, Liège inclus. Mais, à l'Est, pas question d'installer une Pologne indépendante qui aurait fait tampon avec la Russie, ni même de grignoter un bout de la Pologne russe, ce qui aurait rendu impossible la conclusion d'une paix séparée avec Saint-Pétersbourg, désormais échaudé de son alliance avec la France. Mieux valait isoler la France économiquement en organisant, selon le schéma proposé par une des grandes plumes nationalistes de l'heure, Friedrich Naumann, dans son livre *Mitteleuropa*, un marché commun entre Rhin et Volga.

Voilà pour les amuse-bouches. Mais, fidèle à la leçon de Bismarck qui recommandait de frapper la France là où ça fait mal, au portefeuille, Guillaume II aurait réalisé le hold-up du siècle en exigeant une partie de l'empire français et belge. Après tout, c'était précisément parce qu'il avait décidé de se tailler une place au soleil colonial que l'ordre international avait chancelé et que la course aux armements avait débouché sur la guerre. Pour le Kaiser et sa *Weltpolitik*, c'était le moment de ramasser la mise des autres – 22 milliards de francs-or investis depuis quarante ans dans les colonies. Outre l'inévitable Maroc, objet déjà en 1905 et 1911 des coups de poker de Guillaume II, les Allemands auraient bâti un empire africain. À l'Ouest, sous prétexte de réunir leurs deux colonies, le Togo et le Cameroun, ils auraient avalé le Nigeria britannique, l'Afrique occidentale et équatoriale française et une moitié au moins du Congo belge, ce qui leur aurait permis de rejoindre leurs possessions du côté de l'actuelle Tanzanie et de prendre en écharpe le continent noir.

Imaginons un empire de 8 millions de kilomètres carrés, recelant la moitié des réserves en métaux précieux recensées en 1914, formidable occasion pour installer une économie de traite *made in Germany*. Le modèle n'était pas à chercher bien loin : depuis 1897, les colons allemands avaient révolutionné la vie quotidienne des tribus Herero et Nama. Sédentarisation forcée des nomades, changement des méthodes d'élevage et des circuits commerciaux, adoption obligatoire de la monnaie dans des sociétés de troc et d'entraide. Et, pour les réfractaires, des camps de concentration, expérimentés depuis quinze ans et dont les Allemands avaient pu vérifier l'efficacité chez leurs voisins d'Afrique du Sud pendant la guerre des Boers. Dans ces conditions, le scénario n'eût pas été difficile à écrire et, malheureusement, il n'y aurait pas eu de *happy end* : soit les tribus africaines sous contrôle de Berlin auraient périclité parce qu'elles auraient été incapables de s'adapter à cette colonisation-incarcération ; soit elles se seraient révoltées, pour un échec annoncé car, faute de guerre 1914-1918 longue, l'idée même d'émancipation coloniale n'aurait, bien sûr, pas effleuré les esprits. Avec une guerre terminée en deux mois, les Français n'auraient en effet pas battu le rappel de leur « force noire », de même que les Britanniques n'auraient pas eu à solliciter Indiens, Australiens, Sud-Africains ou Canadiens. Ces soldats du bout du monde n'auraient pas plus entendu parler de communisme, de droits de l'homme et de révolution dans les tranchées ou les troquets que les autorités impériales de l'idée de concession et de *self-government* envers ceux qu'on surnommait les *down-under*.

Cette impavide stabilité impériale aurait été confortée par l'absence des États-Unis. Les belligérants restés « en famille » et le conflit, réduit au Rhin et au lac Mazure, tout sauf mondial, Washington n'aurait pu se transformer en fourrier des armées, ni en créancier des États, ni encore moins en allié ombrageux et interventionniste. Au contraire, la curieuse relation d'amour/haine installée depuis la fin du XIXe siècle entre Britanniques ou Français et Américains aurait continué. Vus de Paris ou de Londres, ces cousins éloignés, jugés mal dégrossis et incapables de s'agréger au concert des nations dites civilisées (en clair, l'Europe), auraient été aussi bien de l'autre côté d'un Atlantique, Rubicon à ne jamais franchir. Autrement dit, le « siècle américain », ainsi qu'on a baptisé le XXe siècle, n'aurait tout simplement pas été imaginable et le pays de l'oncle Sam, dont la moitié des profits annuels partaient en 1913 dans l'escarcelle européenne, serait demeuré le plus grisant des pays en voie de développement.

Le développement, parlons-en. Ressuscitons un instant les 900 000 Britanniques tombés dans la boue de Passchendaele, les 3 millions de Français et d'Allemands ensevelis Chemin des Dames ou enchevêtrés dans les collines de Verdun, les 3 autres millions de Russes, Italiens, Belges, Portugais ou Autrichiens... éparpillés sur les champs de bataille. Installons, par exemple, ces Français et ces Belges épargnés dans les 825 000 maisons en ruine sur le front ouest, donnons-leur un emploi dans les 26 000 usines détruites ou bien sur les 3,8 millions d'hectares saccagés par les obus, le piétinement des hommes et des matériels sur une bande longue de 500 kilomètres, large de 10 à 25, transformée en désert. Première conséquence qui nous irait droit au portefeuille, nous ne paierions sans doute pas d'impôt sur le revenu, voté à grand peine avant 1914, différé pendant le conflit et rendu indispensable à cause d'une dette publique passée de 33 à 219 millions de francs-or ! Deuxième conséquence tout aussi appréciable, le million de naissances récupéré de la sorte aurait permis de généraliser retraites et assurances sociales avec trente ans d'avance et sans charge excessive, ni sur la population active, ni sur les employeurs. Troisième conséquence, la croissance française se serait maintenue autour de 1,8 % l'an, performance largement suffisante pour que les 300 milliards-or de la fortune nationale augmentent de moitié à l'horizon des années 1940, alors qu'en fait celle-ci aura baissé de 50 %.

Ainsi se serait prolongé, en France comme en Europe, le long XIXe siècle. C'est-à-dire la pérennité d'un rythme de vie confondu avec la succession des travaux et des saisons, l'intimité d'un groupe social clos, solidaire, strictement hiérarchisé, des rentiers aux faucheurs et aux glaneuses, des grands bourgeois aux montreurs d'animaux et marchands ambulants qui animent les rues, de la bonne bourgeoisie aux ouvriers à domicile et aux domestiques. En bref, l'image d'un ordre et d'une civilisation jugés immuables, toujours rattachés au temps d'avant, idéalisés bien sûr mais au fond familier et que n'aurait pas bouleversé la révolution bolchévique. Une guerre de deux mois, même conclue par une nouvelle défaite de la France face à l'Allemagne, n'aurait pas suffi à ébranler un système de valeurs collectives fondées sur le culte du droit et de la solidarité, la célébration de la patrie et la foi dans le progrès.

Il a fallu quatre années d'ensauvagement pour que les Européens se « désenchantent » du monde d'avant et que certains rescapés des tranchées imaginent même rééditer, vingt ans plus tard, en on ne sait quelle célébration expiatoire, les tueries de masse. C'est à cette aune qu'il faut mesurer les conséquences les plus durables de ce qui s'est joué à l'été 1914.

Chapitre 12

La Russie populiste et religieuse de Grigori Raspoutine

La Russie avait redressé l'échine, au printemps 1916. Grâce à une série d'audacieuses offensives, les troupes avaient fait reculer les Autrichiens, contraignant l'Allemagne à envoyer des divisions supplémentaires sur le front de l'Est. Le tsar Nicolas II, pourtant, ne jouissait pas de toute la popularité qu'une telle réussite aurait dû lui apporter. Sans doute parce que, parti pour l'état-major, il avait laissé les affaires aux mains de sa femme et du gouvernement. Or l'automne venu, leur impéritie éclatait aux yeux du peuple, mal approvisionné et redoutant chaque jour que l'armée ne s'effondre devant l'ennemi. La rue grondait tandis que les élites de cour se déchiraient.

L'impératrice Alexandra Fedorovna, d'origine allemande, est soupçonnée de favoriser les projets de paix et de pousser son mari à se rapprocher de l'Allemagne. Son conseiller Raspoutine est ouvertement accusé à la Douma, la Chambre des députés, d'être la « force de l'ombre » qui entraîne le pays vers l'abîme. La haine de sa personne rassemble en un même mouvement les familiers du tsar, jaloux d'avoir perdu leur influence, et les libéraux, qui voient en lui le représentant de l'autocratie obscurantiste.

Raspoutine joue une partie serrée. L'homme est une sorte de clerc, un starets, dit-on à l'époque pour désigner tantôt un ermite, tantôt un moine itinérant. Grâce à la confiance qu'il a obtenue en soignant le tsarévitch frappé d'hémophilie et donc victime de violentes douleurs, il exerce un ascendant sur l'impératrice et, dans une moindre mesure, sur l'empereur. Il a connu les renvois et frisé la disgrâce à deux reprises au moins. Mais il est revenu à Saint-Pétersbourg et s'essaie au rôle de conseiller occulte.

Sa conscience politique n'est pas aussi restreinte que le pensent ses détracteurs, ni si innocente que l'imagine la tsarine. L'ancien moine a voyagé. Il a traversé l'Europe, vécu en Grèce et même été jusqu'en Palestine. Il connaît les gens du peuple et ceux de la cour. Il s'est formé une idée de la vie publique et de ses enjeux, à l'heure où le monde s'embrase. Progressivement, son influence dépasse les questions de santé domestique et de foi. Il suggère à l'impératrice des mesures, parfois de simple bon sens, pour éviter que l'agitation ne vire à la révolution, car ce terrible mot est déjà sur toutes les lèvres. S'il est pour la paix, c'est moins parce qu'il est travaillé par des agents allemands qu'à cause des malheurs dus au conflit.

Ses adversaires les plus déterminés sont précisément les bellicistes. Car la guerre recrute un large éventail de partisans, tant parmi les populistes qu'au sein des classes dirigeantes, où les ultranationalistes comptent sur elle pour souder la nation. La haute aristocratie espère rehausser l'honneur des armées. Parmi les va-t-en-guerre, un groupe de conjurés dont l'histoire a gardé les noms : le prince Félix Youssoupov, le grand-duc Dimitri, le député Pourichkevitch, le lieutenant Soukhotine, le Dr Lazovert. Ensemble, ils décident d'assassiner Raspoutine. Youssoupov doit attirer le starets dans sa vaste demeure du quai Moïka, à Saint-Petersbourg, et l'empoisonner. Les autres l'aideront ensuite à se débarrasser du corps dans la Neva, dont les eaux sombres et gelées coulent à proximité. Il faudra creuser un trou dans la glace pour y parvenir. Le plan se serait déroulé comme prévu si un incident n'était venu troubler son déroulement et n'avait profondément changé le cours de l'histoire.

Le 29 décembre au soir, en effet, Youssoupov a bien attiré Raspoutine dans sa demeure. Il est parvenu à détourner son attention quand des bruits se sont fait entendre dans la maison. Il laisse croire que ce sont les amis qui vont bientôt partir. En fait, il s'agit des autres conjurés qui s'agitent en attendant de passer à l'action. Raspoutine a bien avalé les pâtisseries empoisonnées, mais, à la cuisson, le sucre semble avoir modifié la capacité du cyanure. Quant au vin aussi empoisonné, il n'a fait qu'y tremper les lèvres. La conversation a donc traîné en longueur et le prince, désarçonné de voir que le poison n'agit pas, s'absente un instant pour consulter ses complices.

Dans l'hypothèse ici retenue, pris de soupçon en surprenant des bribes de la conversation, Raspoutine quitte la maison et gagne le quai, par où il prend la fuite. Youssoupov et ses complices tentent en vain de le rattraper. Ils font le guet devant le domicile du starets en espérant le prendre de vitesse. Raspoutine, saisi de vomissements, et ressentant les effets différés du poison, peine à marcher et s'effondre dans la rue. Il est recueilli par des passants qui bientôt le signalent à la police. Au matin, la nouvelle parvient au palais. L'impératrice fait rapatrier son protégé sous bonne escorte.

L'échec de la tentative de meurtre se répand dans tout le pays. L'implication de deux membres de la famille impériale est vite connue. Les mesures clémentes que prend le tsar valent à Raspoutine une onde de sympathie, d'autant plus qu'il fait connaître publiquement son pardon. Désormais, le starets attire à lui une nouvelle masse de croyants qui veut voir celui dont la rumeur annonce qu'il est invulnérable. N'a-t-il pas échappé naguère au poignard et maintenant au poison ? Il reçoit des sympathisants au palais, où l'impératrice protège sa convalescence.

Raspoutine entend ainsi faire monter le désespoir populaire. Il pousse Alexandra Fedorovna à régler dans l'urgence la question de l'approvisionnement. Plusieurs trains sont affrétés pour livrer des vivres à Saint-Pétersbourg et à

Moscou, au détriment des transports de munitions. Pour assurer une distribution rapide et moins propice aux rassemblements spontanés autour des magasins, Raspoutine renoue avec le saint-synode. Son objectif ? Impliquer l'Église dans une vaste entreprise d'assistance. Les clercs sont chargés d'organiser les distributions de secours et de nourriture. Le projet n'est pas aussi innocent qu'il y paraît. Le starets compose un vaste réseau de religieux qui voient en lui un réformateur populaire efficace et prêchent en sa faveur auprès des masses.

L'homme devient en quelques semaines une institution vers laquelle la presse se tourne. Raspoutine en profite pour peaufiner son image de saint homme et de moujik en dénonçant la Douma comme impuissante et les socialistes, de toutes sortes, comme des hypocrites dangereux. Il témoigne le plus grand souci pour les douleurs du peuple. Nul discours patriotique ici, comme le lui avait soufflé l'entourage du tsar, désireux de poursuivre la guerre. Il quitte alors le palais pour les vastes entrepôts où se tient désormais son œuvre caritative et où convergent aussi des unités militaires placées à sa disposition.

De loin, l'empereur ne perçoit pas l'ampleur du changement. Il en a les échos dans la correspondance toujours vive de sa femme, mais imagine que tout se joue pour son plus grand profit. Pourtant, un tournant se produit au mois de février. Les trains d'approvisionnement ont accru la dette publique. Ils retardent les fournitures de l'armée ; le front est dans un état de faiblesse si terrible que l'offensive allemande abat les troupes russes, qui se replient en désordre. Curieusement, le Reich wilhelminien ne force pas son avantage par une rapide progression, de peur de rompre ses lignes et de disperser les forces.

La défaite sonne le glas du prestige impérial et rompt l'unité patriotique. Désormais, pacifistes et bellicistes se font face, chaque parti étant travaillé par les agents des Alliés et des Allemands. Sur le front, des régiments débandés n'obéissent plus à leur hiérarchie et se rendent en masse ou désertent. À Saint-Pétersbourg, les manifestations pour la paix se multiplient et les heurts entre les troupes et les partisans de la poursuite de la guerre dégénèrent.

Les socialistes tentent d'en tirer profit. Pour stopper cette évolution, le tsar revient à Saint-Pétersbourg et tente une nouvelle fois de séduire la Douma. Mais il est trop tard. L'assemblée, autant que le souverain, est regardée comme incapable de maîtriser le cours des événements.

Tout bascule quand Raspoutine embrasse le parti de la paix et joint ses partisans à l'agitation. Le tsar et la tsarine le désavouent et ordonnent son arrestation. Lorsque la police se rend au siège de l'œuvre, elle est vilipendée par ses amis, qui déclenchent une manifestation de grande ampleur. Elle s'achève devant le palais en réclamant sa grâce. Plusieurs organisations socialistes participent à cette action et les troupes chargées du maintien de l'ordre tardent à entrer en action. L'événement se déroule alors que, du front, les généraux adressent des télégrammes alarmants sur l'état des hommes. Le gouvernement est désemparé. Pour calmer les masses, le tsar accorde sa grâce à son « ami ». Le retour de Raspoutine, après trois jours d'agitation et d'inquiétude, tourne au plébiscite.

Le tsar n'a pas encore conscience qu'il a perdu tout crédit. Il le constate quand Raspoutine se rend à son invitation, accompagné de quelques parlementaires de la Douma, prompt à se ranger derrière l'homme du jour. Au cours de l'entrevue, le souverain, très largement influencé par sa femme, qui subit encore l'ascendant du starets, commence par refuser une nouvelle fois de conclure une paix séparée et d'agir en priorité pour redresser la situation intérieure. Pourtant, à mesure que la rencontre se prolonge, sa détermination s'affaiblit. Il comprend l'état dans lequel se trouve son trône et, dans une crise de fatalisme dont il est coutumier, il envisage l'abdication : il souhaite renoncer à la couronne pour lui-même et pour son fils. Il laisserait le pouvoir à son frère, le grand-duc Michel, qui a longtemps été en position d'héritier unique. Or les règles de succession des Romanov n'envisageaient pas un tel cas. Raspoutine en profite pour proposer une autre solution. Si la primogéniture mâle ne peut fonctionner, pourquoi ne pas donner la couronne à une des filles, celle qui serait la plus capable de redresser la situation ? L'habile starets sait que les enfants de l'empereur lui sont tout dévoués. Quant aux membres de la Douma, ils veulent au contraire chasser la famille, mais n'ont pas le pouvoir suffisant pour l'obtenir. Du reste, ils savent que les bolcheviques, très actifs, auraient le champ ouvert si la solution populiste de Raspoutine échouait. Olga, la fille aînée, est rapidement écartée pour son caractère instable. En misant sur Tatiana, Raspoutine compte que sa beauté et sa jeunesse attendriront le peuple. Une autre raison le pousse à soutenir ce choix que l'impératrice appuie avec ardeur auprès de son mari : une femme ne prendra pas l'ascendant sur l'Église russe dont il sent qu'elle sera l'outil de sa domination. Nicolas II doit se retirer en Finlande, pour ce qui est un exil masqué.

L'acte d'abdication permet à l'empereur de sortir la tête haute de la guerre en exhortant le peuple à poursuivre ses efforts patriotiques. Mais dès les premières semaines de son règne, Tatiana Ire négocie en sous-main avec l'Allemagne et l'Autriche. Le front est stabilisé dans une drôle de guerre inédite. Cette solution permet de ne pas trahir la parole donnée et de réduire les coûts de la guerre. La souveraine prône aussi une avancée parlementaire, dissout la Douma et fixe des élections pour le mois de septembre 1917. Elle décide qu'au même moment un concile de l'Église aura lieu afin de régler les conflits qui tiennent à la montée en puissance des amis de Raspoutine, notamment Théophane et Ermogène, naguère brouillés avec lui, mais qui pensent tirer profit de la ferveur l'entourant. Les élections se soldent par une forte avancée du parti populaire orthodoxe (PPO) qui jouit du soutien d'un clergé relégitimé par la théorie populiste chrétienne. Les socialistes marquent le pas ainsi que les libéraux. Les bolcheviques, quant à eux, subissent les poursuites policières.

Le Concile recrée pour la première fois depuis 1721 la position de patriarche et l'offre à Théophane, qui obtient pour Raspoutine la création d'une fonction inédite de guide spirituel du peuple.

La réorganisation de l'Église et du parti populaire orthodoxe permet à Raspoutine de prendre le contrôle du gouvernement et de tenir les moyens d'expression. Le guide ordonne discrètement l'exécution de ses adversaires politiques les plus rudes, aristocrates bellicistes et bolcheviques. Il règle même ses comptes avec ceux qui naguère voulaient l'assassiner. Félix Youssoupov est retrouvé mort dans sa propriété de Rakitnoïe. Ses biens sont confisqués et donnés au clergé. Sa femme doit chercher refuge en Finlande. Le grand-duc Dimitri est arrêté et emprisonné, sans que l'impératrice Tatiana intervienne. Le climat change progressivement. La presse promeut le mot d'ordre de la « Russie nouvelle ».

Avec la fin de la guerre, l'emprise religieuse s'amplifie sur les classes bourgeoises et aristocratiques frappées par une fiscalité énorme au profit de l'Église qui devient la plaque tournante de l'économie. Bien que présente à la table des vainqueurs, la Russie n'exige que des compensations territoriales faibles, tant le clergé refuse de voir l'entrée de nouvelles minorités religieuses sur le territoire. Les officiers supérieurs sont rendus à la vie civile et remplacés par de jeunes sabras chrétiens. Une police politique de masse se fait jour à travers l'institution des gardiens de la foi. Ce sont des jeunes gens exaltés, encadrés par le clergé, qui n'obéissent qu'au guide. Ils font entrer l'orthodoxie dans le quotidien des Russes. Fini les vêtements et le luxe ostentatoires. Ces mesures frappent une aristocratie dont certains membres préfèrent fuir en abandonnant leurs biens. D'autres, au contraire, se rallient au nouveau régime et pratiquent un zèle religieux, en se dépouillant de leur richesse. Les conversions forcées deviennent courantes. Plusieurs minorités, notamment les Juifs, font l'objet de massacres. La remise en ordre ethnique de l'empire n'est guère pacifique.

D'anciens socialistes passés par le séminaire se découvrent une vocation pour la « Russie nouvelle » qui les accueille. C'est ainsi que Staline est désigné personnellement par le guide spirituel comme administrateur des biens saisis après son ralliement. La reconversion des industries de guerre lui est confiée, afin de produire pour l'exportation et de soulager la lourde dette publique. De lui aussi dépend la réforme agraire qui crée la micropropriété rurale, démantèle les grands domaines et organise les communautés religieuses rurales en instances de planification. L'aristocratie tente une résistance parlementaire, mais cède aux premières arrestations. L'armée et les gardiens de la foi sont mobilisés pour effectuer les expropriations. Staline profite de l'opération pour se tailler une clientèle de débiteurs.

Les voyageurs et les journalistes qui se rendent en Russie à cette époque notent l'étrange atmosphère de travail et de dévotion. La figure de Raspoutine omniprésente semble effacer celle de l'impératrice qui a laissé s'installer le nouveau régime politique sans modification profonde des institutions. Le gouvernement composé de prête-noms du PPO est censé être responsable devant la Douma, mais l'assemblée n'est plus guère qu'une chambre d'enregistrement dominée par un seul parti. La loi interdit les partis ne respectant pas les articles de la foi et risquant de diviser le peuple croyant. Toutes les mesures sont contrôlées par le guide spirituel, épaulé d'un saint-synode totalement transformé par le principe de l'élection. Cette instance supérieure est celle qui travaille la société de l'intérieur et prétend construire un « nouveau chrétien » qui ait la fierté « grand russe ». Le pays se renferme progressivement dans une politique autarcique.

Malgré l'éphémère conflit contre la Pologne en 1922, la Russie populiste et religieuse va de l'avant. Son modèle a été observé de l'étranger, où les partis démocrates-chrétiens décident de soutenir des expériences autoritaires d'essence religieuse, en Italie puis en Espagne. En Allemagne toutefois, la social-démocratie lui résiste par les armes et établit finalement une dictature ouvrière communiste en 1924. Mais cette expérience est éphémère car la France et la Grande-Bretagne mènent une opération conjointe pour rétablir la démocratie et décident d'occuper le pays. La violence des troupes françaises engagées en Allemagne favorise l'émergence d'une mouvance nationaliste radicale qui bientôt prend les traits d'une religion séculière.

Au début des années 1930, les difficultés économiques affaiblissent le prestige de Raspoutine, par ailleurs au centre de plusieurs scandales, et à la santé chancelante. La montée des réformateurs emmenés par le jeune Staline au sein de la mouvance raspoutinienne trouble le jeu. Les conservateurs agissant derrière Théophane veulent lui résister en proposant un nouveau guide suprême. Staline joue alors son va-tout en cherchant de l'aide auprès de l'impératrice. Il s'engage à faire fonctionner les institutions au profit de la monarchie. Sentant que l'heure est venue de changer d'appui, Tatiana prend donc un oukase dissolvant le saint-synode et rétablissant le multipartisme. Elle nomme simultanément Staline chef du gouvernement. Le droit fait plier l'Église, qui s'incline devant le pouvoir montant. Le nouvel homme fort prête serment à l'impératrice. Il prend en main l'armée des gardiens de la foi. Il invite la tsarine à faire un grand voyage de représentation auprès des nations occidentales, afin de les rassurer sur les changements en cours. Une tournée des capitales est donc décidée en 1936 : Helsinki d'abord, pour voir la famille impériale et embrasser son père, puis Berlin, Paris et Londres. C'est pendant cette absence que Staline proclame la déchéance impériale et instaure la république populiste de Russie, dont il dit à tous qu'elle sera un régime de paix et de prospérité… Déjà, il prépare une nouvelle vague de déplacements de populations et réarme son pays.

Finalement, si Raspoutine avait échappé à ses assassins et joué pleinement sa carte, l'absence de révolution soviétique aurait laissé les nationalités poursuivre leur cours. Sans la glaciation communiste et l'illusion d'un système de production nouveau, la guerre et les déportations auraient eu pour seul visage la brutalité d'une domination ethnique et religieuse, dans un empire finissant.

Chapitre 13

La Seconde Guerre mondiale commence en 1938

C'était le mot idoine. Voilà ce que pensèrent sans doute les trois principaux responsables de l'armée allemande réunis dans le bureau de Hitler. Au colonel Friedrich Hossbach chargé de mettre en forme ses propos, le Führer avait déclaré qu'il s'agissait de son « testament politique ». Le 5 novembre 1937, Werner von Blomberg, ministre de la Guerre, Werner von Fritsch et Erich Raeder, respectivement patrons de l'armée et de la marine, venaient d'apprendre la nouvelle qu'ils redoutaient : Hitler avait décidé la guerre et celle-ci se déroulerait à l'Est. À la même heure, Hermann Goering, chef de l'armée de l'air, n'était pas moins consterné, mais pour la raison inverse. Il tenait en main le mémorandum rédigé par Hjalmar Schacht, ministre des Finances, le prestidigitateur sur lequel reposait le financement du réarmement. Or celui-ci était formel : « On ne peut pas cuire du pain, ni fabriquer des canons, avec des morceaux de papier. » Autrement dit, en tirant douze milliards de marks de traites sur du vent.

Jusque-là, les idées de Hitler avaient paru suffisamment confuses aux généraux et ses choix stratégiques ou diplomatiques assez vastes pour qu'ils attribuent à sa susceptibilité, éveillée à la moindre objection, au premier signe d'indifférence, les foucades de leur chef. Tantôt, il s'agissait de raturer le traité de Versailles ; un autre jour, de mener une grande guerre contre l'Union soviétique qui se conclurait par la victoire du Reich en 1943 ou, au plus tard, en 1945 ; ou encore d'obtenir un *gentleman's agreement* avec les Franco-Britanniques qui lui permettrait d'aménager à sa guise l'Europe centrale et orientale. En quelque sorte, le haut commandement considérait son chef comme un uchroniste invétéré, remaniant sans cesse ses plans de bataille et d'extermination.

Sauf que l'annonce de l'invasion programmée de l'Autriche et de la Tchécoslovaquie constituait un retour brutal à la réalité. Pendant la réunion du 5 novembre, von Blomberg avait bien objecté que la passivité escomptée de la France et de la Grande-Bretagne en cas de conflit européen était douteuse. La volée de bois vert reçue en réponse à cette objection lui fit comprendre que celle-ci n'était même pas envisageable. De son côté, Goering intima à Schacht le secret absolu sur l'état réel des finances et de l'économie allemandes. Il n'empêche, les généraux savaient que ce n'étaient pas trois malheureuses divisions de panzers équipées pour l'essentiel de chars de six tonnes – en clair des boîtes de conserve améliorées – et les quatorze divisions de la Landwehr (la réserve), composées de vétérans de 1914-1918, sans entraînement, mal armés et manquant de capitaines, qui assureraient l'occupation en profondeur du terrain.

Il fallait bluffer pour donner l'impression de gagner la course contre la montre du réarmement ; appliquer la force de la propagande au point de résistance de l'ennemi, sans l'user sur des accessoires ; entraîner l'opinion par des insinuations ou par une formule qui intimiderait l'adversaire. Encore restait-il à réunir des joueurs pour cette partie de poker : Mussolini tint le rôle du baron, celui qui invite les autres à parier en assurant que le gain est facile ; Chautemps puis Daladier furent de parfaits pigeons ; Staline, convaincu depuis le printemps 1937 que les démocraties étaient incapables de résister à Hitler et obnubilé par des complots chimériques tant intérieurs qu'extérieurs, se garda de miser quoi que ce soit. Quant à Chamberlain, il tint à merveille le rôle de l'expert malheureux, appliquant avec un insuccès constant sa martingale diplomatique. On connaît la suite, le charcutage de Munich et ses conséquences désastreuses.

Imaginons que la maladie qui devait emporter ce dernier en 1940 ait connu son dénouement en janvier 1938. Sa succession eût divisé les conservateurs. Pas à cause de Hitler ; à cette date, l'*appeasement* constituait le diplomatiquement correct de tout député, à l'exception de quelques originaux comme Anthony Eden ou Winston Churchill. Mais en raison des inquiétudes impériales d'abord et financières ensuite. Le royaume ne savait ni comment obvier l'expansionnisme japonais, ni quel arrangement inventer au Moyen-Orient et il redoutait une nouvelle crise du sterling, comparable à celle de 1931 qui avait ratissé les avoirs internationaux du pays. Or un seul parlementaire avait à la fois des idées et une expérience ministérielle dans ces deux registres : Winston Churchill.

Sa mythomanie, son pessimisme grandiloquent et le souvenir de ses échecs entre 1914 et 1924 jouaient en sa défaveur. Mais à la différence de Halifax, son probable concurrent, il avait connu l'enfer des tranchées et son bellicisme exclusivement antigermanique protégeait en principe le pays d'une aventure outre-mer. Partisan d'un renforcement de la Société des Nations (l'ancêtre de l'ONU), voire d'une alliance avec l'URSS – singulier aggiornamento pour un ancien « bouffeur de bolcheviques » –, Churchill était francophile à un moment où même le roi George VI trouvait opportun de venir raviver, le temps d'un voyage officiel, le souvenir de l'Entente cordiale. Ses propos élogieux à l'égard de Mussolini attestaient qu'il savait au besoin manier la cuillère pour souper avec l'un des diables de l'Europe. Enfin, à l'égard des pays de l'Est reconstitués ou créés en 1919, il partageait le pragmatisme rude du gouverneur de la Banque d'Angleterre, Montagu Norman : la Grande-Bretagne leur avait « donné » (*sic*) de l'argent pendant dix ans, sans espoir désormais d'être remboursée ; elle n'allait pas, en plus, donner son sang pour « ces gens-là ». Le résultat se serait sans doute joué à une voix près, comme en mai 1940. Mais l'hypothèse ne relève nullement d'un miracle uchronique.

La première préoccupation de Churchill aurait été de trouver une parade à la nouvelle stratégie conduite par le Premier ministre japonais Fumimaro Konoe. Le 16 janvier, en effet, celui-ci avait annoncé que son pays cessait de reconnaître Tchang Kaï-chek comme chef légitime de la Chine. C'était l'assurance d'une « lutte à mort », selon l'expression de Chiang, qui aurait forcément des conséquences sur les placements britanniques, sur Hong Kong, voire sur les colonies voisines, à commencer par Singapour. En outre, le lâchage de Chiang incitait celui-ci à se tourner vers les États-Unis pour échanger des armes contre des avantages commerciaux. Exactement ce dont l'Angleterre ne voulait pas entendre parler.

Dans ces conditions, Churchill se fût sans doute contenté d'une réprobation martiale dans l'affaire de l'*Anschluss*. La question autrichienne le préoccupait beaucoup moins que le rabibochage des relations avec l'Italie – sur ces deux points, son attitude était identique à celle manifestée par Hitler tout au long de l'année 1937, jusqu'en novembre, nous l'avons dit, mais les Britanniques ignoraient encore ce revirement. Surtout, le déclenchement de l'affaire Blomberg-Fritsch, le 4 février, aurait rassuré le Premier ministre : contraints de démissionner à la suite d'un coup tordu monté par Himmler et Goering, les deux hommes laissaient une armée et les Prussiens de l'état-major hostiles à l'intrusion des hommes du parti nazi. Il ne serait donc pas tombé dans le panneau de la « guerre des nerfs » agité par Hitler, notamment lors de son discours du 20 février 1938 au Reichstag. Churchill avait écrit, dès 1921, que la question des allogènes empoisonnerait les relations interétatiques entre Rhin et Vistule. Entendre le chancelier affirmer que c'était « au Reich allemand de protéger les peuples germaniques le long de nos frontières » l'aurait d'autant moins inquiété qu'à cette date, rien ne laissait entrevoir une annexion de l'Autriche.

Mis devant le fait accompli quatre semaines plus tard et incapable de décider si Hitler avait agi de manière improvisée ou s'il avait tiré parti de circonstances favorables pour exécuter la première étape d'un plan concerté, Churchill n'aurait eu de cesse que d'anticiper le coup de l'adversaire. Chamberlain voulait gagner du temps ; lui, être un temps en avance. Son atout maître eût été le renseignement. N'oublions pas que, jeune ministre, il avait soutenu en 1909 la création d'un service de sécurité intérieure (MI5) et d'espionnage (MI6). En 1914, à peine nommé Premier Lord de l'Amirauté, il avait organisé le décryptage systématique des transmissions ennemies, prélude aux recherches qui aboutirent à la mise au point du système Ultra, en mai 1940. Aux affaires, Churchill aurait demandé à son vieux complice des années 1920, lord Hankey, ministre en charge du renseignement, d'accélérer le calendrier d'Ultra et de lancer diverses missions pour apprécier l'état réel du Reich.

Le Premier ministre aurait été édifié. D'abord sur les intentions belliqueuses à court terme du Führer, convaincu que la guerre avec l'URSS approchait, même s'il en ignorait et le moment et la forme. Dès mars 1938, donc en pleine crise autrichienne, Churchill eût été informé que le Führer n'entendait plus réunir le cabinet du Reich, signe que celui-ci se déchargeait des questions intérieures pour se concentrer sur la tâche de « plus grand chef de guerre de tous les temps ». À cette date sans doute, l'idée de confirmer Hitler dans ses pronostics aurait commencé à faire son chemin, surtout au vu des informations sur l'état des forces allemandes.

Dès lors que Churchill eût été décillé sur la prétendue supériorité aérienne de la Luftwaffe ou sur la puissance de la force motorisée allemande, la partie diplomatico-stratégique eût changé de main. Au printemps 1938, le Reich ne pouvait même pas aligner un corps de bataille de panzers ; il fallait répartir les engins entre trois corps d'armée et, de toute façon, les Panzers II de dix tonnes étaient surclassés par les Renault français et les Skoda tchèques. Et encore, c'était là problème anecdotique en regard d'une motorisation au mieux incomplète – seules quatre armées étaient équipées –, d'une artillerie insuffisante ou d'un manque régulier d'obus, tous handicaps aggravés par l'acrimonie persistante d'une partie du haut commandement allemand contre son chef, depuis la misérable affaire Blomberg-

Fritsch. Même un nazi militant comme Guderian s'avouait dégoûté par les manigances des SS et du parti. À cette époque déjà, Ludwig Beck, chef d'état-major général et hostile à une guerre précoce par insuffisance de préparation, réfléchissait au meilleur moyen de limoger l'entourage de Hitler, à commencer par Goebbels et Goering, jugés les principaux va-t-en guerre, surtout depuis l'*Anschluss*.

On comprend alors l'importance pour Churchill d'apprendre que la Luftwaffe ne disposait que de cinq cents appareils modernes, des Bf 109, pour épauler les Henkel 111 et les Dornier 17 vétustes. Pas question d'une couverture aérienne qui garantirait percée en profondeur et assaut prolongé, d'autant que le taux de casse de ces nouveaux appareils, difficiles à manœuvrer, atteignait des records. Bien sûr, Churchill ou pas, l'Angleterre ne disposait que de médiocres Hurricane et autres Gladiator rescapés de 1918 ; aucun Spitfire ne volait, mais pas plus les fameux bombardiers Junker 88, censés terroriser civils et soldats. Prévoir l'effet de sidération que provoquerait le dévoilement de la supercherie aérienne nazie était routine pour un Churchill qui ne reculerait pas à confier par exemple au *Times* l'extrait de la lettre où le général Felmy, patron de la Luftflotte 2, écrivait : « Envisager d'attaquer la Grande-Bretagne est une chimère, faute de moyens. »

Encore fallait-il concocter un piège. Au printemps 1938, Churchill aurait pu étudier deux scénarios. Le plus maximaliste paraît si insensé qu'on le rangerait spontanément dans la catégorie des « uchronies chaotiques » où la probabilité des divers paramètres multiplie l'incertitude du résultat. Le schéma n'est pourtant guère différent de la trame qui sous-tend le film *Triple Cross*. Admettons que deux des cinq plus célèbres taupes de l'espionnage soviétique en Angleterre, John Cairncross et Guy Burgess, aient été démasquées puis retournées. Le premier était si proche de lord Hankey qu'il devait devenir son secrétaire privé, le second venait d'entrer à la branche action du MI6. Exactement l'équipe qu'il fallait pour monter le bobard suivant, à destination du Reich, *via* Moscou : prévenir que les recherches sur les « armes nouvelles » avançaient plus vite que prévu, si bien qu'on testerait sans doute les fusées et la bombe atomique autour de 1940. Il n'est pas difficile d'imaginer l'agitation à Moscou comme à Berlin, avec deux conséquences envisageables : une attaque préventive de Hitler contre la Grande-Bretagne, conformément au scénario ; la signature d'un pacte germano-soviétique à l'été 1938, les deux « victimes » du traité de Versailles rejouant la comédie de Rapallo et la stratégie du faible au fort, suivie d'une guerre cette fois menée contre les démocraties. Où l'on voit qu'entre l'insensé et la réalité, les raccourcis existent.

Le scénario minimal suppose une contribution involontaire des Polonais, des Tchèques et des Français. Les vagues de purges avaient persuadé les Européens que l'URSS se trouvait comme un canard cou coupé ; en juillet 1937, à l'occasion d'une énième purge dans l'armée, Hitler en avait conclu que « Staline était fou ». Pourquoi ne pas lui donner raison et faire courir le bruit, au printemps 1938 après l'exécution de Boukharine, que le vrai Staline avait été assigné à résidence dans sa datcha de Kuntsevo et que le pouvoir exécutif était aux mains d'un triumvirat Beria-Malenkov-Molotov, tandis qu'un sosie d'oncle Joe arpenterait le Kremlin. Cet enfumage était moins burlesque qu'il n'y paraît : Kim Philby, un autre de la bande des cinq, a reconnu que la première préoccupation de ses employeurs était de connaître l'état des tractations (imaginaires) entre l'Angleterre et l'Allemagne. En un sens, Staline partageait la même obsession que Hitler : l'alliance anglaise. On imagine alors l'effet d'un tel coup de pied dans la fourmilière. L'information eût été démentie bien sûr, mais pas avant plusieurs semaines, car pas plus l'Abwehr[1] que le MI6 ou les Américains n'avaient d'agent bien placé et le NKVD[2] aurait pris soin d'interpréter ce qu'il ne pouvait tenir pour une élucubration churchillienne.

Un laps de temps suffisant pour que l'irréparable se produise : la Pologne qui mobilise parce qu'elle entend exploiter l'occasion historique de conclure à son avantage la guerre interrompue de 1921 avec la Russie bolchevique ; la Tchécoslovaquie qui fait de même, préventivement, comme en mai 1938 ; Hitler saisissant l'aubaine au vol, selon sa pratique coutumière de réagir à l'événement plutôt que de le provoquer par une démarche calculée.

---

1. Service de renseignement de l'état-major allemand de 1925 à 1944. Dirigé alors par le célèbre amiral Canaris.
2. Police politique d'URSS créée en 1934 à la suite de la Guépéou et remplacée en 1946 par le MVD.

Ajoutons au tableau les hésitations de Daladier pour lequel Churchill avait le même manque d'estime que son ambassadeur à Paris, sir Eric Phipps : « Ce n'est pas un homme fort, en dépit de ses allures décidées, [...] mais cela vaut mieux que cette méduse de Herriot. » Si le président du Conseil avait annoncé la non-belligérance de la France dans l'hypothèse d'un conflit impliquant l'URSS, l'Allemagne pouvait en inférer une passivité générale pour tout conflit à l'Est, en dépit des traités signés par Paris. Bref, le coup de bluff anglais aurait contraint les joueurs à abattre leurs cartes à contretemps.

Plus question alors d'organiser une conférence de la dernière chance à Munich. La décision d'attaquer la Tchécoslovaquie eût été précipitée par l'éventualité d'une crise de régime à Moscou ; les rumeurs inspirent toujours les dictateurs. En menant la guerre rapide qu'il escomptait, Hitler eût trouvé là l'occasion d'amener à la table des négociations une Russie désorganisée et des démocraties incapables de contrecarrer la logique du poteau-frontière qu'il martelait depuis 1933. Convaincu qu'il était que le temps travaillait contre l'Allemagne, on voit mal qui aurait pu le détourner. Pas même le scepticisme et les divergences d'appréciation stratégique de ses généraux.

Rarement pourtant un haut commandement se fût engagé dans une guerre aussi divisé. Ludwig Beck, chef de l'OKH[1], aurait démissionné en signe de désaccord,

1. Oberkommando des Heeres, commandement de l'armée de terre de la Wehrmacht.

comme il le fit avant Munich ; Witzleben, Hoepner ou Goerdeler auraient comploté à la déposition de Hitler comme ils s'y étaient engagés en cas d'agression contre la Tchécoslovaquie. Même Halder, le nouveau chef de l'OKH, aurait eu du mal à convenir d'une stratégie commune avec Hitler, dès lors que celui-ci, aiguillonné par le temps, aurait renoncé à l'approche indirecte au profit d'un assaut frontal contre la ligne de défense tchèque. Résultat, la tenaille imaginée sur le papier eût envoyé Rundstedt se casser les dents sur les fortifications de Silésie, tandis que le largage des parachutistes eût tourné au massacre (ce que vérifièrent plus tard, dans la réalité, des manœuvres organisées par les Allemands). De son côté, la Xe armée de Reichenau, en route vers Prague, aurait eu les plus grandes peines à percer la double ceinture fortifiée protégeant la capitale. Enfin, côté autrichien, les Tchèques avaient massé six divisions, ce qui aurait compliqué la tâche de la XIVe armée et aurait longtemps retardé la jonction des troupes allemandes.

N'oublions ni le relief montagneux du pays, ni l'état de l'aviation allemande. La victoire aurait occasionné des pertes et surtout, le matériel, les usines, etc., qui devaient tomber intacts entre les mains allemandes après Munich, auraient été détruits ou sabotés par les vaincus. Si tant est que le temps nécessaire – un mois, sans doute davantage – n'ait pas été utilisé par les démocraties pour intervenir à l'Ouest. Certes, tout Churchill qu'il était, celui-ci n'aurait pas fait se dissiper en quelques semaines le pacifisme viscéral qui tenaillait Anglais et Français. Sauf que le coup de force tchèque, couplé à la révélation des lacunes militaires du Reich, aurait rendu plausible une prise de gage de l'autre côté du Rhin sur le modèle de l'opération de la Ruhr en 1921. Ce n'étaient pas les huit divisions postées en défense qui auraient enrayé l'avance d'alliés combattant sur le sol ennemi – ce dont les anciens de 1918 avaient été frustrés à leur grande fureur – avec des moyens quatre à cinq fois supérieurs.

Dès lors, la machine infernale de l'été 1914 eût été réactivée. À l'Est, les Polonais seraient – ou non – entrés dans la danse au vu de l'avance des démocraties ; les Yougoslaves, obligés de la France, eussent agi de même vis-à-vis de l'Autriche ; les Roumains auraient prudemment suspendu leurs livraisons de pétrole à l'Allemagne, tout comme les Russes qui, avec un état-major en loques, auraient compté les points dans l'espoir de récupérer quelques morceaux de terre abandonnés après le traité « honteux » de Brest-Litovsk, en 1918. À l'Ouest, même victorieuse en Tchécoslovaquie, l'armée allemande se serait trouvée devant une équation impossible à résoudre : comment conduire une campagne éclair, en manquant de munitions et de carburant, dans des conditions météorologiques qui rendaient aléatoire la tactique de bombardement ciblé, et en comptant pour l'essentiel sur l'infanterie ?

Au mieux de leurs intérêts, les Allemands auraient répliqué à la prise de gage occidentale par une tentative contre la Belgique et à la rigueur le nord de la France.

On aurait rejoué, sans la puissance de feu, les épisodes du printemps 1918 : offensive allemande, contre-offensive française et ainsi de suite, jusqu'à ce que la machine économique allemande se trouvât asphyxiée, au plus tard début 1939 si l'on en croit la Commission de défense du Reich qui prévoyait, dès octobre 1938, une embolie à deux mois parce qu'il n'y avait plus ni ouvrier, ni machine, ni mark disponibles.

La suite est beaucoup plus incertaine. Tout ce que la Seconde Guerre mondiale, la vraie, nous a appris invite à exclure l'éventualité d'un armistice suivi d'un règlement diplomatique. Hitler était trop obnubilé par novembre 1918 pour s'y résoudre. Mais la faiblesse de la résistance allemande et l'adhésion massive des Allemands au régime semblent exclure un renversement du nazisme venu de l'intérieur. L'hypothèse d'une guerre d'attrition où l'on se bat pour chaque centimètre de patrie, tandis que sont exterminés les ennemis désignés et les supposés traîtres, reste la plus plausible. Spéculer sur la comptabilité macabre est un exercice déplaisant et délicat – tout mort, dans cette histoire, est de trop. Il n'empêche que le scénario de la guerre de 1938 ne laisse pas à Hitler le temps d'organiser la Solution finale, tout comme il épargne à l'URSS et aux pays de l'Est des dizaines de millions de morts.

Il aurait également changé le destin de l'Europe. Au lieu d'être prise en tenaille entre ses sauveurs géants, américains et soviétiques, elle aurait eu à relever elle-même ses nouvelles ruines. Certes avec l'avantage appréciable de ne pas être divisée en deux blocs rivaux. L'Allemagne n'aurait pas été coupée en deux, pas plus que la Prusse n'aurait disparu en 1947, ni les nouvelles démocraties populaires été occupées pendant quarante ans. Mais, sans plan Marshall et ayant à supporter un second fardeau de dettes, voire de réparations de guerre, l'Europe du XXe siècle aurait ignoré les Trente Glorieuses et sans doute reculé d'une génération au moins l'abandon des empires coloniaux. Elle aurait peut-être ressemblé à l'Espagne des années 1950, Franco en moins : un pied dans le XIXe siècle à la recherche d'une grandeur envolée, l'autre dans une société à reconstruire et la tête farcie de haines recuites au feu de la revanche et du nationalisme. Mais cela aurait valu à coup sûr mieux que Munich.

Chapitre 14

1945, la bombe n'est pas au rendez-vous

Harry Truman ne décolère pas. Le travail des scientifiques a pris, faute de moyens financiers, un retard considérable. En ce 6 août 1945, il songe combien il aurait aimé disposer de la bombe atomique. Mais, dans notre récit, il n'existe ce jour-là pas de *Little Boy* à charger sur le bombardier B-29 *Enola Gay* pour que, à 9 h 15 précises, une explosion réduise en cendres Hiroshima, tuant 70 000 habitants.

Conscient de ce retard, le 11 mai 1945, trois jours après avoir contraint le Reich à capituler, il a reçu un rapport des services de bombardement (USSBS) qui recommandait d'appliquer au Japon les recettes si efficaces contre l'Allemagne : « Les bombardements massifs sur les dépôts de carburant, les voies ferrées, les routes et les ports du Reich ont contribué de manière décisive à une victoire rapide et complète. » Truman a laissé trois mois aux généraux de l'US Air Force pour lui présenter une autre stratégie.

Mission accomplie : le 11 août 1945, le chef d'état-major de l'armée de l'air Curtis LeMay s'est effectivement présenté au rapport. La lecture de son plan, dûment conservé dans les archives de Washington, laisse rêveur. Les 8e et 12e Air Force auraient été transférées d'Europe vers Okinawa, point d'appui américain depuis avril. Ces mille bombardiers B-29 auraient été opérationnels le 1er octobre 1945 et auraient attaqué les 219 cibles prioritaires recensées. Au lieu de bombarder les villes, ce qui, depuis mars, n'avait fait que renforcer l'esprit de résistance farouche des Japonais malgré les 80 000 morts cumulés de Tokyo, les bombes auraient visé 56 voies ferrées, 13 ponts, 35 centres industriels et autant de carburants, soit le cœur de la machine économique de guerre.

Les deux premières conséquences de cette stratégie d'épuisement auraient été considérables. Staline, fidèle à la promesse faite à Roosevelt à Yalta, aurait envahi Hokkaido, la plus nordique des îles du Japon. En attaquant ainsi le grenier à riz du Japon, les troupes soviétiques auraient fait d'une pierre deux coups : ouvrir un second front et déclencher une gigantesque famine dans un pays où la production de riz avait baissé de moitié en trois ans de guerre et où, déjà, la ration quotidienne était tombée à 1 200 calories. Il y avait en effet fort à parier que les Japonais abandonneraient Hokkaido pour se retrancher dans Honshu, l'île principale. Et voilà comment, en septembre 1945, on se serait retrouvé avec un Japon partagé en zones d'occupation, exactement comme l'Allemagne.

On frémit d'avance à l'idée d'un contre-blocus organisé par les Occidentaux à l'occasion d'une des multiples crises ayant affecté Berlin, par exemple en 1948 ou en 1962...

De leur côté, le général MacArthur et l'amiral Nimitz ont établi un vaste plan d'invasion du Japon intitulé Opération Downfall. Il se décompose en deux attaques successives. La première, visant l'île de Kyushu, au Sud, devait avoir lieu en novembre : Opération Olympic. La seconde, en mars 1946, devait libérer Honshu : Opération Coronet. Pour ce plan, la plus grande armée d'invasion de l'histoire mondiale devait être réunie : cinq millions d'hommes et tout le matériel nécessaire. MacArthur et Nimitz avaient cependant une difficulté essentielle : les évaluations du nombre de victimes potentielles parmi leurs hommes étaient très élevées. Les experts les plus optimistes envisageaient une centaine de milliers de morts pour le débarquement sur Kyushu, en se référant au coût humain de la conquête d'Okinawa. Mais d'autres construisaient leurs statistiques avec des coefficients multiplicateurs selon la durée, allant jusqu'à dire qu'il faudrait, pour aboutir, environ un an, un million de morts et autant de blessés. Plus souvent revenait le chiffre de 500 000 morts. Réduire les pertes potentielles était donc une priorité.

Dès le mois de septembre, des bombardements de masse atteignent tous les centres industriels et militaires. « L'ère des taupes », comme la qualifieront les historiens nippons, laisse des traces durables dans les esprits. Elle explique, avec la menace communiste, l'habitat souterrain décidé pour la reconstruction de Tokyo et la disposition des centres commerciaux et du métro très en profondeur, afin d'éviter l'effet des bombes incendiaires. Car, en 1945, les abris proches de la surface résistent à l'impact des explosions sans sauver pour autant les enfants, les femmes et les hommes qui s'y abritent. La chaleur fait monter la température si haut qu'ils sont à la fois asphyxiés et brûlés. Les sauveteurs décident ainsi de ne plus ouvrir les abris des zones attaquées afin de s'épargner le spectacle atroce des corps calcinés. Selon certains auteurs, cette seule phase de la guerre aurait provoqué la mort d'un million de civils, à cause de la forte concentration urbaine. Les autorités américaines, plusieurs décennies après les faits, se défendent encore de l'accusation de cruauté en soulignant qu'elles n'avaient pas utilisé les gaz de combat alors que le Japon, lui, y avait eu recours.

Les rapports des services secrets américains d'octobre et novembre 1945 font état d'une lassitude de l'opinion nippone face aux bombes. Dans l'impossibilité de fuir vers le nord en raison de l'avance soviétique, ses comportements auraient été notablement altérés : suicides collectifs, liquidation des « défaitistes », vols et pillages des cultures. Dans ce contexte, les meurtres d'enfants et de jeunes filles se multiplient, sans que la police puisse les expliquer. Dans les décombres, quelques morts supplémentaires auraient pu laisser indifférent, n'eût été le raffinement des mises en scène. Les *serial killers* nippons étaient à la fête, alors que se multipliaient les appels patriotiques et les discours de sacrifice.

La situation paraissait mûre. Il fallut encore quelques semaines à l'état-major américain pour achever la préparation : rassembler les suppléments d'hommes et de matériel. Plusieurs contingents alliés avaient tenu à participer à l'action. Outre les régiments australiens et néo-zélandais, on relève une brigade française, forte d'un millier d'hommes, et une brigade anglaise venue de Birmanie.

Brusquement, le 7 décembre 1945, date anniversaire du bombardement de Pearl Harbor, l'armada américaine se lance à l'assaut de Kyushu. Le premier choc est rude ; la conquête sanglante. Les Américains ne savaient rien du plan *Ketsu Go* (opération de la dernière chance) lancé en janvier 1945 et destiné à mettre 2,9 millions d'hommes en face des envahisseurs, appuyés par 10 000 avions dont la moitié reconvertie en kamikaze. Washington tablait sur 110 000 morts et 450 000 blessés ; en fait, il y aurait eu sans doute le double. Afin d'essayer de réduire les pertes et de disperser les forces japonaises, le président Truman demande à Staline de s'impliquer davantage pour la phase suivante : la mise en œuvre de Coronet.

Le 1er mars 1946, Coronet est déclenchée. Tokyo est rapidement encerclé. La prise de la ville s'effectue avec une brutalité fantastique, tant la confusion règne entre civils et militaires. Les reporters de l'armée américaine filment les scènes terribles, où les GI's fusillent des passants désarmés. Il est vrai cependant que les soldats nippons n'hésitent pas à se cacher derrière des familles chassées par les combats pour accomplir des attaques suicides.

Les derniers contingents de l'armée japonaise ne désarment pas alors que le palais impérial a été rayé de la carte depuis des semaines. Réfugié dans les montagnes, Hirohito médite sur sa destinée. Il a connu dans son règne le passage de la puissance à l'impuissance. Les belles années ont été celles du gouvernement Tojo. Il assiste aujourd'hui à la décadence générale. La misère est partout ; le choléra, le typhus, et même la peste se répandent. Pire, les communistes envahissent son empire. Il faut passer outre les oppositions du commandement militaire et se rendre.

Le 9 septembre 1946, le prince Naruhiko Higashikuni, oncle de Hirohito, s'appuie sur la dernière unité constituée de la garde impériale pour arrêter Anami, Umezu et Toyoda. Les trois hommes choisissent le suicide traditionnel par *seppuku*. Dans le même temps, le prince Takahito Mikasa, le frère de l'empereur, est envoyé comme émissaire personnel pour signer la capitulation japonaise au nom du nouveau gouvernement. Au moment de la reddition, le 11 septembre 1946, les pertes japonaises s'élèvent à six millions de femmes et d'hommes, dont la moitié sont survenues après le 8 mai 1945, soit 8 % de la population totale du pays. L'industrie nippone est réduite à néant et la plupart des grandes villes détruites à plus de 75 %.

Le partage du pays en zones d'occupation découle naturellement de l'effort que la Russie soviétique a consenti pour la destruction du régime militariste. Outre l'annexion des îles Kouriles à son propre territoire, l'URSS bénéficie d'une zone d'occupation sur le quart nord comprenant

Hokkaido et une frange du littoral de Honshu. L'Australie et la Nouvelle-Zélande, quant à elles, se partagent l'île de Shikoku. Les États-Unis occupent le reste du territoire. Après plus d'un an d'administration directe par les occupants, un référendum est tenu en mars 1948. La zone soviétique vote pour l'abolition impériale, alors que les zones tenues par les Occidentaux plébiscitent le maintien de la monarchie. La sécession communiste devient alors effective, en ce début de guerre froide. La république démocratique du Japon naît bientôt avec Sapporo pour capitale. Le régime mène une épuration sanglante. Grâce à son agriculture florissante, le petit État qui n'est reconnu que par l'URSS et ses pays satellites se redresse rapidement, au point de devenir exemplaire d'un modèle de communisme rural. Malheureusement la productivité tend à baisser après la réforme agraire de 1958 qui casse les grandes fermes agricoles construites, à la fin du XIXe siècle, sur le modèle américain.

La guerre de Corée est l'épreuve de la rupture définitive pour les deux États nippons. Car, après la capitulation du Japon en 1946, le dirigeant communiste Kim Il Sung est parvenu à créer un État communiste coréen et s'est lancé dans une attaque foudroyante contre le Sud soutenu par les États-Unis, en 1950. Les deux régimes japonais s'impliquent dans le conflit par des aides financières et militaires. Puis en 1952, le Sud-Japon attaque le Nord pour s'emparer de la frange du littoral de Honshu restée communiste. Après un an de conflit larvé, du fait de la concentration des forces communistes sur Hokkaido et de la volonté américaine de ne pas envenimer la situation, un modus vivendi et un armistice sont signés. Honshu sera tout entière libérale.

La Constitution fédérale adoptée au Sud en 1951 met un terme à la division en zones d'occupation et au régime d'administration transitoire mis en place après 1948. Les puissances occupantes sont désormais des partenaires qui signent, en 1960, un traité de paix avec le Japon. Seule l'Union soviétique refuse de reconnaître l'« État capitaliste fantoche ». Le Sud-Japon, lui, rejette les annexions soviétiques. Son régime parlementaire repose sur un multipartisme limité, puisque les organisations communistes sont strictement interdites. Surtout, le Sud œuvre pour une politique de détente et favorise l'intégration rapide de ceux qui fuient le communisme.

Ainsi, l'écrivain Mishima, qui avait rejoint Hokkaido pour échapper aux bombardements en 1945 et qui était parvenu à s'échapper vers le Sud en 1958, devient-il un symbole des transfuges. Il oublie son incapacité à combattre pendant la guerre et laisse à d'autres le fantasme nostalgique d'une mort héroïque. Son œuvre, au contraire, fait l'éloge de l'individualisme, seule doctrine de vie supérieure, pour les âmes libres. Devenu un trésor vivant de la culture nippone, il œuvre pour la réconciliation entre les Japons. En 1995, il participe avec émotion aux grandes cérémonies de retrouvailles entre les deux nations et obtient le prix Nobel de la paix pour son action.

Pour autant, l'unité nationale est restée un vœu pieux. Interrogés à l'occasion du cinquantenaire du débarquement, plusieurs anciens combattants américains font du scandale. Selon eux, la partition reste le meilleur gage contre le retour de la furie meurtrière qui anima le Japon naguère. Quand on leur demande s'ils auraient utilisé la bombe atomique dans l'éventualité où elle aurait existé à cette époque, ils répondent simplement : « Nous nous serions damnés pour éviter les horreurs du débarquement et de la conquête… » Nul ne songe alors à les interroger sur les dangers de la prolifération nucléaire.

Chapitre 15

Mai 1968 aux couleurs d'acier, de feu et de sang

Imaginons que l'histoire de France ait emprunté une voie imprévisible le 29 mai 1968 à 14 h 03 : un champ où se distingue un bois au second plan et, devant un amas de métaux et de tôle froissée, la pale d'un hélicoptère pointée vers le ciel, des éclats de verre brillant au soleil. Plus loin, des silhouettes sur le sol au milieu des secouristes couleur vert-de-gris : Yvonne et Charles de Gaulle ont péri avec l'équipage de leur hélicoptère.

Le gouvernement allemand prévient officieusement le commandement des forces françaises en RFA au début de l'après-midi. Le général Massu, bouleversé, doit à son tour prévenir Philippe de Gaulle et les autorités françaises. Le Premier ministre Georges Pompidou accueille la nouvelle à froid en demandant la plus grande discrétion. Rien ne doit filtrer dans l'opinion ni dans la presse pendant plusieurs heures, le temps de mener les consultations les plus importantes et, surtout, afin d'éviter que la manifestation syndicale de l'après-midi ne dégénère. La rumeur commence d'ailleurs à se répandre que le président serait parti pour Colombey. Autant abonder dans ce sens. Dans l'intervalle, Pompidou convoque en hâte le ministre de l'Intérieur Roger Frey, le ministre de la Défense Pierre Messmer ainsi que certains de ses proches collaborateurs. Parmi eux, le secrétaire d'État Jacques Chirac, convaincu que la discussion va porter sur les événements en cours depuis le demi-échec des accords de Grenelle, en attendant le Conseil des ministres, reporté au lendemain.

L'aréopage gaulliste a la mine sombre. La discussion sur les mesures à prendre se prolonge pendant près de quatre heures, toutes les hypothèses étant envisagées. Surtout, quitus est donné à Pompidou d'avoir décidé de maintenir le black-out complet sur la nouvelle et d'avoir obtenu le secret du gouvernement allemand. À cette heure, les corps des victimes sont en cours de rapatriement vers la base de Saint-Dizier. Nul ne doit savoir que le libérateur de la France est mort à l'étranger. Il convient d'éviter de produire l'effet d'une fuite à Varennes.

Jacques Foccart, le patron du SAC, l'homme des basses œuvres du gaullisme, notera dans son journal qu'une question hante les esprits : l'annonce de la mort de De Gaulle ne va-t-elle pas attiser la contestation et faciliter les menées subversives des communistes et des gauchistes ?

Les personnalités présentes doutent des capacités de Gaston Monnerville, le président du Sénat, à assurer efficacement l'intérim. Toutefois, le cadre institutionnel ne laisse aucun doute quant à la procédure. « À moins, bien sûr, glisse Jacques Chirac, que le président du Sénat soit à son tour empêché. » Jacques Foccart échange alors un regard lourd de sens avec son adjoint Charles Pasqua, arrivé en cours de réunion et resté silencieux jusque-là. Attendre avant de diffuser une information est une chose, mais se débarrasser d'un gêneur, président du Sénat de surcroît, ne peut pas entrer dans les cadres de la discussion à ce moment de la crise. Pourtant, les durs du gaullisme veulent maintenir l'ordre à tout prix, quitte à prendre quelques libertés avec le formalisme de la Constitution. Alors, les hypothèses s'égrainent, pleines d'arrière-pensées. Car chacun se rêve un destin national et hésite à suivre Georges Pompidou dans sa marche vers l'Élysée. Oubliés de Gaulle et sa famille ? Non, il faudra faire de belles funérailles officielles et une journée de deuil national. Mais il faudra aussi réunir les instances de l'UDR et consulter les alliés de la majorité, en particulier les Républicains indépendants et Valéry Giscard d'Estaing.

Gaston Palewski, le président du Conseil constitutionnel, vieux compagnon du gaullisme, est finalement appelé en début de soirée. Comme tant d'autres, il est envahi d'une immense tristesse en apprenant la nouvelle et retient sa respiration avant de répondre que le Conseil constitutionnel constatera la vacance, dès le lendemain. Il insiste pour que Monnerville soit immédiatement prévenu afin qu'il assure l'intérim. Jacques Chaban-Delmas est déjà au courant et, la première surprise passée, tente d'évaluer ses chances dans la succession qui s'ouvre. Il sait que l'opinion l'apprécie. Il jouit d'une image de jeunesse et de dynamisme mais... Pompidou.

La manifestation syndicale du 29 mai s'est dissoute dans le calme. Les forces de l'ordre ont fait preuve d'une grande maîtrise. Visiblement, la CGT ne cherche pas l'affrontement, malgré ses slogans appelant au changement de régime et poussant de Gaulle, dont ils ignorent la disparition, vers la retraite. Les burgraves du gaullisme s'amusent intérieurement de ce décalage, comme si l'histoire suivait des voies parallèles.

Pour Pompidou, la grande affaire est la rencontre avec Monnerville. Elle a lieu vers 22 heures au Sénat, dans le bureau du président de la Haute Assemblée. Monnerville peine à cacher sa satisfaction. Le voici, lui, l'enfant de Guyane, le sénateur du Lot, le maire de Saint-Céré, président de la République. Un Noir est le premier personnage de l'État, en France, trois mois après l'assassinat de Martin Luther King et quarante ans avant l'élection de Barack Obama ! Il se prête à rêver de son avenir, en écoutant distraitement les recommandations de Pompidou. Ce dernier souhaite rester Premier ministre avant l'organisation de l'élection présidentielle dont le premier tour devrait avoir lieu le 23 juin.

À minuit cinq, le gouvernement adresse, enfin, un communiqué à l'AFP, immédiatement transmis à toutes les rédactions : le général de Gaulle et son épouse ont été victimes d'un accident d'hélicoptère en se rendant à Colombey. Une enquête est ouverte.

Daniel Cohn-Bendit décide de revenir clandestinement en France en entendant la nouvelle au milieu de la nuit. La décision d'une action collective pour le 30 a été prise. Dans un appartement de l'Est parisien, une réunion des dirigeants maoïstes et de leur branche militaire prévoit de lancer une campagne d'agitation afin de gêner les hommages à de Gaulle. Ils ignorent que la direction du SAC et des comités de défense de la République a maintenu son mot d'ordre pour le 30 mai, en transformant la marche de soutien au Général en défilé de deuil.

Le préfet de Paris Maurice Grimaud revoit le dispositif de sécurité avec les membres de son cabinet accompagné du commandement des gendarmes mobiles et des CRS. Il faut éviter que des gauchistes ne se retrouvent place de la Concorde. Il convient aussi de protéger particulièrement les jardins du Luxembourg et le Sénat, où réside encore le président par intérim.

Le 30 mai est une journée folle. Alors que le gouvernement reçoit les condoléances du monde entier et que les hommages se multiplient, la France donne le spectacle d'une terrible violence. Le cortège gaulliste est si nombreux, près de deux millions et demi de personnes, qu'il entraîne une bousculade sanglante quand se répand la rumeur d'une attaque par des militants d'extrême gauche. Il s'agissait en fait de policiers en civil, regroupés près des Tuileries et attaqués à tort par le service d'ordre. Le soir, après la dispersion, on compte les cadavres. Pas moins de dix personnes sont mortes, dont une jeune étudiante gaulliste de 19 ans, frappée à la tête. Érigée en martyre, sa mort sert de prétexte à une nouvelle nuit de barricades étudiantes. Le discours de fermeté que le Premier ministre a tenu à 19 heures pousse à la radicalisation une frange étroite mais réelle du mouvement qui désormais se croit pris dans un combat à mort.

Au sein de la gauche parlementaire, les tractations vont bon train. François Mitterrand et Pierre Mendès France se retrouvent une nouvelle fois sans parvenir à peaufiner leur candidature commune. La SFIO, de son côté, rend hommage à l'œuvre du Général et son secrétaire, Guy Mollet, fait tout son possible pour saboter une éventuelle candidature de Gaston Defferre. Mais ce dernier a déjà promis son soutien à Mendès. Le parti communiste, quant à lui, a fait savoir au gouvernement qu'il ne mettra pas en cause la légalité républicaine. Mieux, il fera son possible pour « éviter une déstabilisation du pays par les gauchistes ». Il feindra de soutenir une candidature présidentielle pour limiter le score de la gauche. Car les mots d'ordre de Moscou sont clairs : pas de vagues. Enfin, Gaston Monnerville, lentement mais sûrement, avance les pions de sa propre candidature. Il représente l'antigaullisme responsable, une manière de tourner la page de ce régime en douceur. Les radicaux ont déjà donné leur accord. Le centre démocrate les suit.

Les grèves se poursuivent mollement. L'air est à la reprise du travail à mesure que l'élection se rapproche. Le deuil national invite à la responsabilité ; la chape morale qui, un temps, s'était levée retombe maintenant en étincelles. Car l'extrême gauche frustrée de son combat aurait souhaité maintenir une agitation ouvrière digne des révolutions d'antan. La politique d'établissement des militants dans des usines ne dure pas. La campagne mobilise en fait toutes les énergies. Elle s'achève par un résultat prévisible. Monnerville et Pompidou restent seuls en lice au second tour. Monnerville l'emporte après un débat de second tour où il a mis en accusation les gaullistes pour avoir tardé à révéler la mort du Général et tenté de manipuler l'opinion en cachant sa mort hors de France, alors même que des journalistes ont diffusé le film où l'on distingue clairement les secouristes allemands. Au lendemain des élections, un étrange calme s'installe.

Tout aurait pu s'arrêter ainsi, en ce début d'été, si par un excès de zèle discutable les hommes du SAC démobilisé n'avaient décidé d'en finir avec l'extrême gauche en mettant le feu à quelques locaux maoïstes. À leur décharge, il faut préciser qu'ils ne souhaitaient pas faire de victimes et que c'est par une suite de malentendus que le local du quartier du Panthéon a explosé en pleine réunion, faisant une vingtaine de morts. Les maoïstes y stockaient des matières inflammables en rêvant de cocktails Molotov.

L'attentat du Panthéon, comme l'appellent bientôt journalistes et historiens, déclenche une série de réactions contradictoires. L'enquête annoncée en fanfare finit par être enterrée cinq ans plus tard sous le sceau « secret défense », non sans qu'ait couru la rumeur bien orchestrée d'une éventuelle responsabilité du PCF dans ce drame...

Les funérailles des militants ouvrent une nouvelle spirale de radicalisation. L'État qui a survécu à de Gaulle ne semble plus capable de protéger tous ses citoyens ou plutôt a une étonnante complaisance face aux violences qui frappent la gauche. Les maoïstes, faibles apprentis sorciers, vivent dans la peur effroyable d'une liquidation de masse et regardent la police, qui effectue force perquisitions, comme de nouveaux gestapistes français. Leur passage dans la clandestinité et dans l'action violente s'effectue donc moins par désir de créer la subversion qu'à cause d'une psychose paranoïaque collective. Cela explique la modestie des moyens et des actions qu'entreprend le noyau d'une vingtaine de personnes qui se détachent de la gauche maoïste. Sous le nom de Front de libération prolétarienne, Serge July, Alain Geismar et leurs amis passent à l'acte dès le mois de juillet. Attaque d'une gendarmerie à l'arme de chasse pour voler des armes automatiques et des explosifs, attaques de banque et tirs sur des personnalités publiques.

Le président Monnerville, dans l'urgence, saisit l'article 16 pour mener la lutte et secouer la torpeur du pays qui s'inquiète. Pour organiser le combat contre la subversion, la DST et le SDECE mirent fin à leur concurrence. Ils provoquèrent l'automne d'acier, la série d'exécutions sommaires et d'enlèvements de militants de la gauche extrémiste qui accompagna les huit mois de pleins pouvoirs du président Monnerville. Les plus chanceux purent fuir à l'étranger et demander l'asile politique. Ils y vivent encore aujourd'hui, redoutant les demandes d'extradition que sporadiquement la République française déclenche.

Les mesures policières produisirent leur effet. En 1972, la situation paraissait revenue à la normale. Mais une étude rapide des programmes des partis autorisés à présenter des candidats aux élections législatives montre que le climat n'était pas à la détente. Dominent les appels à l'ordre public et les projets pour une économie toujours florissante. Les revendications sociales sont avant tout présentées en termes de pouvoir d'achat. Les mœurs mêmes semblent en retrait par rapport aux pays voisins. La question féministe, par exemple, prend un étonnant retard et les partisans du droit à l'avortement se font discrets dans l'atmosphère de raidissement national.

Pourtant, la France avait changé malgré tout. La loi sur l'avortement avait été adoptée par la majorité qui avait soutenu le président Jean-Jacques Servan-Schreiber, le Kennedy français, en 1975. JJSS, qui avait toujours voulu faire jeune, avait aussi abaissé l'âge de la majorité à 18 ans et fait voter l'abolition de la peine de mort, lors de son second mandat. Au fond, la disparition de De Gaulle avait changé le visage de la droite en durcissant les gaullistes et en laissant la porte ouverte aux modérés de droite et de gauche. Elle avait sorti des limbes le vieux parti radical. Heureusement, le paysage de la gauche restait le même. Elle se cantonnait toujours dans les divisions entre ses leaders. Elle était demeurée dans l'opposition jusqu'à l'élection de Michel Rocard en 1989. Sa condamnation de la répression en 1968 avait compté pour sa désignation comme candidat du parti socialiste. Le PSU qu'il avait poussé à confluer vers le PS avait d'ailleurs servi de refuge aux anciens tenants de la gauche clandestine. En somme, le PS, comme le PSI de Craxi, avait eu l'âme complaisante au passage à l'acte.

Chapitre 16

1973 : Israël rayé de la carte

Le 5 octobre 1973, le général Zvi Zamir, le patron du Mossad, est informé par un contact de l'imminence d'une attaque égyptienne et syrienne contre Israël. Il prévient le Premier ministre Golda Meir qui lui demande d'obtenir confirmation, car le chef des renseignements militaires met en doute la validité de cette accusation. Zamir se rend en urgence en Europe pour obtenir des précisions par une autre source. Il tarde à activer ses contacts et ne peut finalement apporter de preuves tangibles que le lendemain. Un conseil d'urgence est réuni : toute attaque préventive est rejetée, afin d'éviter la réprobation américaine.

Israël est assoupi par la célébration annuelle de Kippour quand, à 14 h 05, les alarmes se déclenchent. Les troupes égyptiennes lancent leur offensive par une série d'attaques aériennes. Au même moment, elles franchissent le canal de Suez en plusieurs points. Golda Meir, dont le cabinet est réuni, ordonne le rappel des réservistes et adresse au monde des appels désespérés. Sans doute sent-elle que l'histoire pourrait changer sa course et qu'Israël est assez fragile pour disparaître. Le déroulement du conflit peut tourner à son désavantage.

En 1973, les lignes de défense du Sinaï sont rapidement débordées. Le long du canal de Suez, les fortins de la ligne Bar Lev ne peuvent présenter qu'une éphémère résistance. Ils sont encerclés et, dès le lendemain, leur capacité est pratiquement réduite à néant tandis que près de 100 000 hommes sont passés sur la rive naguère contrôlée par Tsahal.

L'aviation égyptienne commandée par le général Hosni Moubarak fait des merveilles. Les troupes blindées du général Chazli, épaulées par des parachutistes et des forces spéciales, s'avancent loin dans le désert et heurtent de plein fouet les premières divisions de chars envoyées à leur encontre. Au terme d'un choc terrible, les Israéliens sont contraints de battre en retraite et tentent d'établir une nouvelle ligne de défense. Leur adversaire en profite pour les harceler d'attaques aériennes et terrestres qui gênent la recomposition du dispositif. Le moral des troupes israéliennes s'effondre.

Sur le plateau du Golan, les Syriens culbutent les défenses avec leurs chars T-55 et T-62. Ils écrasent les divisions blindées qui tenaient le terrain. Le président Assad exige l'avance à marche forcée de ses blindés qui, après la terrible bataille de la vallée des Larmes, ne rencontrent plus de résistance aussi déterminée. Le plateau est presque syrien au soir du 9 octobre. C'est alors que les forces jordaniennes mobilisées en hâte par le roi Hussein, qui flaire la victoire, entrent en action. Le souverain ne veut pas s'isoler des nations arabes, qui toutes exultent. Il mobilise plusieurs divisions, accroissant encore la pression sur le sud du Golan et sur la Galilée. L'aviation israélienne a beau mener des raids, elle ne peut efficacement prévenir l'avancée syrienne, soutenue par sa propre aviation qui, au prix d'effroyables pertes, gêne son intervention.

L'arrivée des chars syriens à Haïfa s'effectue dans une panique absolue. Les tentatives menées pour armer la population civile ajoutent à la confusion. Tout un peuple prend la fuite et bloque les principales voies d'accès. La terreur est d'autant plus grande que des tirs amis atteignent les fuyards pris par erreur pour des forces spéciales syriennes infiltrées. Tentant de réagir, Golda Meir, Moshe Dayan, le ministre de la Défense et le chef d'état-major, le général David Elazar, décident de resserrer la défense autour de points névralgiques. Il s'agit de bloquer l'accès à Jérusalem et à Tel-Aviv. Les Égyptiens, les Jordaniens et les Irakiens venus se joindre à l'hallali ainsi que quelques contingents algériens, marocains et yéménites remplissent le vide laissé par la retraite et la concentration des forces.

De son côté, le gouvernement américain en pleine affaire du Watergate tergiverse en s'interrogeant sur la position soviétique. Envoyé en hâte à Moscou, Kissinger obtient l'assurance que l'URSS ne livrera pas d'armes à ses protégés syriens et égyptiens. Brejnev se prononce même pour un cessez-le-feu rapide. Le KGB fournit bien des renseignements aux Syriens, mais n'envenime pas la situation, selon le décryptage des messages codés interceptés par la CIA. Les États-Unis, eux, violent cet accord en proposant aux Israéliens des armes, suivant un circuit compliqué impliquant notamment des intermédiaires iraniens ; leur aide est insuffisante. D'autant plus qu'une semaine après le début des hostilités et malgré une réunion dramatique du Conseil de sécurité des Nations unies, Israël est presque entièrement occupé. Ne tiennent plus que deux enclaves de sûreté où se masse la population civile, écrasée par la peur des bombardements et abasourdie par la soudaineté de la défaite.

Golda Meir lance alors des appels à l'aide que l'URSS elle-même entend. Elle fait pression sur la Syrie et l'Égypte. En vain. Les États-Unis proposent alors de lancer l'opération Exit, l'évacuation de la population israélienne par un pont aérien et par la 6e flotte, qui s'est rapprochée avec ses navires d'escorte afin de garantir le transit maritime. La petite marine israélienne est muée en force de transport rapide. L'évacuation des réfugiés de Tel-Aviv n'est pas gênée par les ennemis, trop heureux de la panique.

Sadate victorieux déclare ne pas faire la guerre aux Juifs, mais à l'impérialisme sioniste. Il multiplie les déclarations pour demander leur maintien en Palestine. Il freine l'ardeur de ses soldats galvanisés par la guerre et s'entend avec le président Assad et le roi Hussein pour que l'occupation ne se solde pas par une liquidation systématique des civils. Les dirigeants condamnent d'une même voix les exactions dont le monde prend lentement connaissance. Des éléments incontrôlés en seraient les auteurs.

À Akko, l'ancienne Saint-Jean-d'Acre, les Arabes israéliens, soutenus par l'armée syrienne, se sont livrés à une chasse aux Juifs encore sur place, pour l'essentiel des femmes, des enfants et des vieillards qui ne pouvaient se déplacer. L'OLP a profité de la situation pour lancer des incursions depuis la frontière libanaise et détruire des kibboutz entiers, en dépit de la résistance acharnée de quelques places renforcées par la présence de militaires dissidents. Les extrémistes religieux juifs ont payé le prix fort. Nombreux sont ceux qui ont souhaité mourir plutôt que fuir. Autour de Jérusalem et en Judée, des familles entières sont décimées. Une commission internationale est bientôt mandatée par l'ONU pour faire la lumière sur les nombreux charniers identifiés au lendemain du conflit.

Le Conseil de sécurité a tenté de prévenir ces drames en adoptant la résolution 338 à la demande conjointe de l'URSS et des États-Unis : les combats doivent cesser et les anciennes résolutions de 1947 doivent être appliquées. Les Américains se sont résolus à revenir aux frontières initiales, pour préserver un droit à ces millions d'hommes et de femmes qui quittent dans l'urgence la patrie sioniste. Le Conseil de sécurité donne d'ailleurs mandat à la France pour organiser une force d'interposition soutenue par le Royaume-Uni et les États-Unis, à laquelle l'Iran accepte de participer afin de garantir autour de Tel-Aviv un *no man's land.*

Les pays arabes avaient prévu cette situation en se réunissant à Damas, dès le 10 octobre 1973. Le document finalement adopté comprend cinq zones distinctes. Le réduit de Tel-Aviv sous administration juive, mais auquel est nié le statut d'État et où se tient le gouvernement. Effondrée, Golda Meir, à l'état de santé très dégradé, démissionne. Moshe Dayan, qui assure l'intérim, veut utiliser la bombe atomique. Une réunion dramatique du cabinet l'oppose à Shimon Peres, le ministre des Transports et des Communications, qui refuse qu'Israël recourre à cette arme, car il sait que l'URSS agirait immédiatement en représailles. Peres accuse Dayan d'être responsable de la défaite et le contraint à se démettre. Il devient le dernier véritable chef de gouvernement d'un État croupion où s'entassent moins d'un demi-million d'habitants. Encore ce chiffre se réduit-il chaque jour. Au début de 1974, il maintient une sorte de région à statut autonome, privée de prérogatives diplomatiques, sans armée et exerçant une simple autorité de police. Viennent ensuite les trois zones des pays occupants : l'Égypte tient le Sud jusqu'à Tel-Aviv et s'est approprié ce qui restait des bases militaires que l'État hébreu n'a pu détruire à temps. Au Nord, la Syrie détient un vaste périmètre qui va jusqu'à Hadera. Le lac de Tibériade lui donne un avantage stratégique certain, car elle contrôle une des principales ressources d'eau de la région. Enfin, à l'Est, la Jordanie s'est taillé une place de choix. Elle détient Jérusalem, ville dotée d'un statut spécial, dans laquelle cohabitent une forte minorité juive et des Palestiniens sous l'autorité du gouvernement du roi Hussein. Les anciens bâtiments de l'État juif ont été occupés et les nouveaux fonctionnaires hachémites effacent toute traces de l'ancienne souveraineté.

Dans le temps long, la fête palestinienne n'est pas aussi joyeuse qu'il y paraît. Les puissances occupantes arguent de la situation instable pour rejeter l'idée d'un droit au retour des réfugiés. Seule une fraction d'entre eux venue des camps du Liban a pris place dans la région d'Akko, non sans heurt avec les communautés arabes locales. L'OLP n'est pas autorisée à s'installer en Palestine, car le roi de Jordanie n'a pas oublié sa trahison et le terrible septembre noir de 1970. Le grand vainqueur est le FPLP de Georges Habache, qui est reconnu en zone syrienne comme interlocuteur privilégié. Il constitue la colonne vertébrale de la police politique installée dans les municipalités de Galilée sous tutelle syrienne.

La destruction d'Israël bouleverse la géopolitique du Proche-Orient. L'évolution de la Syrie en témoigne. Les anciens alliés de l'OLP sont devenus pour le président Assad un remords qu'il préfère éloigner. Il privilégie les alliances avec les shiites pour équilibrer leur présence au Liban. Le Fatah se sent le dindon de la farce. Yasser Arafat a beau s'appuyer sur les États du Maghreb, il ne parvient pas à obtenir de la Ligue arabe la condamnation de l'occupation de la Palestine. Pire, ses bailleurs de fonds saoudiens l'abandonnent. Saddam Hussein et le parti Baas font de même, afin de ne pas froisser leur parti frère syrien, avec lequel ils pensent écraser les Kurdes un jour prochain.

L'Iran se trouve dans une situation délicate. Il a participé à la force d'interposition de l'ONU et contribué à l'évacuation des réfugiés juifs, comme pendant la Seconde Guerre mondiale, quand le père du Shah avait sauvé des victimes de l'antisémitisme nazi. Le Shah a ainsi récupéré nombre d'ingénieurs et de techniciens militaires israéliens. La minorité juive, déjà la plus importante du Moyen-Orient, double pratiquement pour atteindre 600 000 membres. Les États-Unis ont favorisé ce regroupement pour renforcer la position du Shah. Ils espèrent ainsi développer de nouveaux réseaux commerciaux pour affaiblir les marchands du bazar qui, à l'instar d'Ali Akbar Rafsandjani, sont proches de l'opposition religieuse.

Sur l'échiquier politique, l'Iran est la dernière carte maîtresse dont disposent les Américains face à une URSS qui peut compter sur des relations privilégiées avec l'autre grande puissance démographique qu'est l'Égypte de Sadate. La maladie du Shah qui devient de plus en plus préoccupante, à partir de 1976, n'empêche pas la CIA de lutter corps et âme pour son maintien. Son fils, formé à l'Académie de l'air américaine, est sérieusement encadré pour prendre la succession. L'ayatollah Khomeiny, son principal adversaire, s'est réfugié en région parisienne en

1978. À l'instigation de la CIA, Alexandre de Marenches, le patron des services secrets français, organise la « mort naturelle » à la suite d'une « longue maladie » du leader de l'opposition religieuse. Nul ne sait que dans l'entourage proche du prélat se trouve une taupe du renseignement français chargée de l'empoisonner. Quand le Shah meurt en 1980, son fils Reza Pahlavi II monte sur le trône. Le début de son règne est difficile, mais le jeune souverain se rend populaire par des mesures de libération massive des opposants politiques, en réveillant le nationalisme à la faveur de la guerre contre l'Irak, et en proposant l'instauration d'une décentralisation forte. Les minorités religieuses accèdent ainsi à des responsabilités limitées. Le procédé brise les tendances à l'agrégation des mécontents. Le monde du bazar comprend les avantages d'une réforme qui lui donne accès à la municipalité de Téhéran.

Le poids de l'Iran est d'autant plus grand que la victoire rapide en 1973 n'a pas occasionné d'explosion des prix du pétrole. La croissance économique profite donc dans la décennie suivante aux États qui développent leur industrie et les services financiers, tel l'Iran, quand ceux qui ont uniquement misé sur la rente pétrolière peinent à moderniser leur économie.

La majeure partie des pays arabes se trouve dans cette situation. En Irak, comme en Algérie et au Maroc, le petit peuple subit de plein fouet l'écart entre une croissance démographique maintenue et une production intérieure relativement stagnante. Malgré leur rente pétrolière et gazière, ces dictatures militaires se maintiennent par un usage régulier de la violence à l'encontre de leurs propres citoyens. Parvenu au pouvoir en Irak en 1979, Saddam Hussein cherche un moyen de renforcer la cohésion nationale. Il croit le trouver lors de la succession iranienne en déclenchant une attaque soudaine contre son voisin. L'Iran réagit avec une vigueur inégalée, engageant son armement moderne et bénéficiant du soutien total des pays occidentaux. La guerre contre l'Irak est le creuset de la nouvelle nation iranienne. Les réfugiés juifs s'engagent à fond dans le conflit et notamment dans l'aviation ; plusieurs anciens de Tsahal donnent à l'armée de Reza Pahlavi II ses plus belles victoires. Ils bombardent Bagdad qui, après plusieurs mois de conflit, est contraint de demander un armistice devant le risque d'une débâcle. L'Iran accepte, en prenant en compte la menace d'une intervention soviétique. Son puissant voisin est, en effet, ému par le risque d'une emprise excessive du Shah sur une zone si riche en hydrocarbures.

La présence syrienne exerce aussi un effet amplifié sur le Liban. Devant le risque d'une alliance chrétienne, druze et palestinienne contre les shiites et les sunnites, Hafez Al-Assad ordonne une première intervention à Beyrouth et au Sud-Liban, puis retire ses troupes, après que l'ONU a donné mandat à l'Italie et à la France d'établir une force d'interposition. Après trois ans d'impuissance, les Casques bleus sont rapatriés. Et le conflit reprend de plus belle. La Syrie décide alors de s'établir durablement au Liban afin d'y « maintenir la paix » et surtout de capter les réserves d'eau à son profit. Elle brise les installations militaires palestiniennes et chrétiennes, à coups de bombardements et de ratissages. Yasser Arafat et Pierre Gemayel cèdent à la pression meurtrière. Au cours du désarmement, les shiites se livrent à plusieurs massacres à l'encontre des populations civiles, provoquant une émotion internationale sans précédent. La Grande Syrie est désormais le cadre dans lequel les peuples doivent s'intégrer. L'habileté du président Assad réside dans sa manière subtile de défaire les minorités en intégrant quelques représentants au sein de l'État. Pourtant, chrétiens, Kurdes et Druzes ne sont que les citoyens de seconde zone d'un État où les sunnites dominent.

Dans cette histoire potentielle, à l'aube du XXIe siècle, les libertés politiques ne sont qu'un concept vague dans le monde arabe. Les gouvernements clientélistes continuent de tenir d'une main de fer un pouvoir tout juste contesté par les autorités religieuses. Le vent du populisme touche davantage le clergé sunnite, qui se radicalise. Car côté shiite, en effet, la théologie politique des mollahs a été brisée par la fermeté du shah d'Iran. Les sunnites, en revanche, définissent désormais la théorie de l'islam politique. D'ailleurs, ces croyants ont fait la preuve de leur efficacité en écrasant Israël et en expulsant les communistes d'Afghanistan.

Réfugiés aux États-Unis, Juifs et Palestiniens maudissent le destin qui les rapproche. Ils songent avec nostalgie à la terre des oliviers, aux oranges de Jaffa et aux parfums mêlés de la vieille ville de Jérusalem. Nulle illusion dans l'alliance tacite entre l'Organisation de libération de la Palestine et l'Organisation de libération d'Israël, mais l'ardente détermination des perdants de l'histoire qui espèrent un jour connaître leur revanche. En attendant, les deux peuples agissent en terroristes afin de décourager des occupants qui s'offusquent de leur violence et qui se vengent régulièrement sur les minorités, tantôt par des exécutions, tantôt en les affamant. Les trois puissances tutélaires cherchent à désamorcer la radicalisation en proposant pour un avenir lointain une indépendance de papier. En attendant, elles continuent de distribuer terres et emplois à leurs ressortissants. Tranquilles, les dirigeants de la Syrie, de l'Égypte et de la Jordanie savent qu'ils réussiront leur conquête, car aucun d'eux n'est tenu par les obligations d'une véritable démocratie.

Conclusion

Faire de l'histoire potentielle, c'est se tenir « au bord du tableau ». Il ne s'agit plus d'indiquer ce qu'il faut voir, mais de suggérer qu'il existe une autre façon de regarder. Le premier intérêt de cette posture est de prévenir contre le risque de l'illusion perspectiviste. Il est par exemple tentant de s'essayer à remonter l'émancipation politique, professionnelle et sociale des Françaises d'un bon siècle et demi, en considérant que les préjugés masculins expliquent la kyrielle des occasions manquées et des retards pris sur les voisins d'Europe du Nord. Rappelons en effet que les Françaises ont dû attendre 1944 pour obtenir le droit de vote et vingt ans de plus pour travailler et disposer d'un chéquier sans le consentement de leur mari. D'où l'intérêt d'accorder un rôle central à Marie-Antoinette dans une histoire hypothétique de la Révolution. Pourtant, sa régence heureuse – éventualité hautement favorable – n'aurait nullement garanti que les Françaises auraient obtenu le droit de vote, donc l'égalité politique. Il n'est pas plus certain que celles-ci auraient échappé à un régime de minorité comparable à celui inscrit dans le Code Napoléon.

Car l'histoire potentielle bute ici sur la loi d'airain de Malthus. L'émancipation des femmes aurait supposé que la société tout entière eût accepté de faire moins d'enfants. À une époque où la moitié des nouveau-nés mourait avant 5 ans, où les bras des adolescents fournissaient un revenu complémentaire jugé indispensable et alors que l'espérance de vie atteignait 35 ans à peine, ce risque de « disparition » des familles eût semblé inacceptable. En outre, l'économie de marché, la disparition des corporations et des interdits professionnels opposés aux femmes, la libre circulation des individus et des marchandises étaient la contrepartie logique de l'éducation et de l'individualisation accordées aux femmes : comment l'admettre dans un monde qui craignait sans cesse de manquer demain de nourriture et croyait que la terre impose une limite naturelle à la consommation ? Vu sous l'angle de l'histoire potentielle – et ici de son impossibilité à proposer un scénario évolutionniste convaincant –, le plafond de verre malthusien apparaît bien comme le principal obstacle à l'émancipation féminine.

A contrario, le même raisonnement permet de prendre la mesure de la rupture brutale que constitua l'accession aux droits politiques, vraie révolution plutôt que conclusion consensuelle d'un processus. Imaginer des femmes sans ces droits, c'est sans doute tirer un trait sur le Planning familial, la contraception légalisée et la transformation des mœurs que nous avons connue.

On a beau se placer au bord de ce tableau, on est quand même dedans. Voilà qui expose à la critique de surinterprétation. À l'absence de guerre en 1870, il est facile d'objecter que des paramètres, au moins aussi nombreux que ceux utilisés dans notre récit, militent pour le déclenchement du conflit. Les travaux récents des historiens allemands ont même réévalué les intentions belligènes de la Prusse. Il n'empêche qu'en juillet 1870, ce sont les hésitations, les choix contradictoires de Napoléon III et l'étrange paralysie des grandes puissances devant les conséquences prévisibles des manœuvres bismarckiennes qui donnent sa chance à la guerre. En construisant une histoire potentielle de ce funeste été, on saisit ce que la situation a de comparable avec le déclenchement de la guerre de 1914 : tout cela est d'abord une question d'humiliation. Inextinguible chez les Autrichiens de 1914 – ce qui invalide tout schéma uchronique prétendant sauvegarder la paix –, mais circonstancielle chez les Prussiens. En 1870, il y a bien un entre-deux, une ultime occasion où une histoire alternative avait le temps de s'esquisser. On peut la tenir pour secondaire, mais on ne peut l'ignorer.

D'une manière plus générale, l'un des intérêts de la démarche potentielle réside dans l'utilisation d'éléments psychologiques, précieux contrepoids au déterminisme rétrospectif. Quelles que soient les preuves accumulées, les mobiles, etc., ce sont bien Adolf Hitler, von Moltke,

Thémistocle qui décidèrent d'engager ou non la bataille ; le plus célèbre d'entre eux, Napoléon, prétendait même se fier exclusivement à son coup d'œil, à la guerre comme en diplomatie. Certes, leur choix est fondé sur des rapports, des informations plus ou moins secrètes, des conseils, mais il y a une irréductible part d'alternative. C'est pourquoi les séquences événementielles impliquent des ajustements psychologiques. En modifiant telle ou telle donnée de l'histoire, nous avons été amenés à retoucher la personnalité des acteurs. Le cas le plus exemplaire est celui de Louis XVI. La réussite de la fuite à Montmédy lui aurait sans doute donné une estime particulière de lui-même, voire aurait redoré sa légitimité et sa foi en son destin de roi de droit divin. Ses décisions auraient été plus tranchées. Il faut donc tenir compte de l'actualisation de la conscience historique des contemporains en fonction des événements modifiés. Il n'est pas possible d'agir comme si leurs passions étaient constantes. De même est-il logique d'imaginer une chute du moral des Grecs après l'échec de leur stratégie à Salamine ou, au contraire, d'imaginer un surcroît d'arrogance et d'ambition chez Philippe II, si le plan de débarquement en Angleterre avait été mené à son terme. Chaque fois, nous nous sommes efforcés de tenir une sorte d'équilibre réflexif.

Pour autant, l'uchronie ne sert pas à se consoler d'un monde décevant par des effets anachroniques. Au contraire, il s'agit de les faire fructifier en les contrôlant. Réécrivons de la sorte l'histoire des cent dernières années sans leurs crises économiques et financières majeures. Sans krach de 1907 aux États-Unis, pas de Banque fédérale de réserve, donc pas de prêteur en dernier recours, un système bancaire atomisé, une loi de la jungle généralisée, autrement dit une crise des *subprimes* tous les cinq ou sept ans. Sans crise de 1929, pas de Roosevelt ni de New Deal et pas davantage de Front populaire. Pas de guerre protectionniste écrasant l'Europe sous cinquante mille quotas ou contingentements ; mais pas non plus d'État providence. En Allemagne, pas de nazisme, ni de Shoah, mais peut-être une troisième guerre franco-allemande pour récupérer les provinces « volées » par les Polonais et les Français. Sans crise monétaire de 1971, pas de dollarisation de la planète au moment où la révolution de l'informatique accélère le rythme de la mondialisation ; mais alors pas de croissance asiatique à deux chiffres, la locomotive de la prospérité pendant un tiers de siècle. Et ainsi de suite, jusqu'à l'été 2008 : sans la crise financière, John McCain dormirait probablement à la Maison Blanche.

Nous n'écririons donc pas l'histoire de sociétés apaisées. Car la suppression des crises montre surtout le décalage entre l'organisation économique des sociétés et leur structure imaginaire, nourrie d'espoir d'ascensions sociales, de frustrations, de revendications. D'un côté, des hiérarchies de plus en plus ossifiées, faute de brassage et de redistribution – à tous les sens du terme – propres aux crises ; de l'autre, des individus confrontés à quelque chose qu'ils peuvent comprendre, mais qu'ils ne connaissent pas. En travaillant l'hypothèse de sociétés sans crises, l'historien montre que l'absence de conjoncture critique déplace les points d'achoppement, sans les supprimer par miracle. En un sens, il met en lumière des actes à venir.

Cette démarche nécessite de considérer le passé non pas en fonction de notre propre situation, mais suivant un futur qui aurait pu advenir… dans notre passé. En termes de probabilité stricte, le raisonnement paraît loufoque : articuler six événements ayant au moins deux chances sur trois de se produire (hypothèse généreuse) ne donne malgré tout qu'une maigre chance sur dix de tomber juste. Mais l'important n'est pas là. Le recours à la spéculation aide à rouvrir les voies de l'avenir. Élément capital à l'heure où les mémoires sociales et les supports d'information promeuvent une culture de l'instantanéité, un présentisme, synthétisé dans la formule : « Il faut vivre pleinement le moment présent. »

Or le temps « respire » par la possibilité de repenser nos propres choix ou ceux de nos ancêtres. L'histoire potentielle contribue ainsi à éviter une mythologisation du passé, un refroidissement de l'histoire, qui ne serait plus une discipline cumulative, mais un recueil de références à usage cosmétique : une pincée chez les patrons et les journalistes, une louche pour les hommes politiques. Encore une fois, la question est moins de s'interroger sur la qualité des matériaux disponibles pour écrire une histoire potentielle, que d'apprécier l'« élégance » du raisonnement alternatif – comme disent les matheux et les amateurs de stratégie. En clair, ce que celui-ci oblige à repenser en pratique.

Contrairement à une idée reçue, cette méthode convient également à des questions macro-historiques. La colonisation du continent américain eût connu un sort tout différent si les populations indigènes s'étaient montrées plus résistantes à la variole : pendant que Cortés et ses hommes entreprennent la conquête de Mexico, les Aztèques perdent deux empereurs et environ 40 % de leur population en un an à peine, victimes de la maladie. Cette inégalité devant l'épidémie eut des conséquences décisives sur la perception du rapport de force : face à des populations décimées et démoralisées, les conquistadors purent se croire biologiquement supérieurs. De surcroît, la maladie devint une arme de guerre, non seulement en terre hispanique mais, deux siècles plus tard, en Amérique du Nord, cette fois contre les tribus indiennes. En 1763, le commandant en chef des forces britanniques Jeffrey Amherst ordonna de contaminer les Indiens. C'est ainsi que le commandant de Fort Pitt, sur l'Ohio, offrit aux Delaware des mouchoirs infectés, avec les conséquences qu'on devine.

Imaginons que les Américains aient eu connaissance des techniques employées à la même époque par les Chinois : inoculation précoce du virus aux enfants pour les immuniser, protections vestimentaires spéciales, chefs de guerre choisis uniquement parmi les militaires qui avaient survécu à la maladie. L'aventure de Cortés eût sans doute tourné court ou se serait limitée à la conquête de quelques comptoirs maritimes. Mais, sans l'argent du Mexique, pas de Grand Siècle espagnol, ni de financement possible pour l'installation des comptoirs en Asie. Modifier le seul paramètre biologique ne suffit pas néanmoins à bouleverser totalement le cours du passé, tant est complexe la relation entre une évolution et les structures sociales ou politiques. Il faut toujours considérer une chaîne événementielle si l'on veut prendre la mesure d'une rupture. Comme un tremblement de terre, la variable épidémiologique ne produit d'effets durables que pour autant qu'elle n'a pas été anticipée, ni prise en charge par des décisions et une mémoire collectives. On en déduira que les structures historiques sont moins fragiles qu'il y paraît.

Le raisonnement vaut pour notre époque. Si Alexander Fleming, encore plus négligent qu'il le laissait entendre, n'avait même pas regardé les boîtes de cultures bactériennes infectées de champignons qu'il s'apprêtait à nettoyer, la démographie mondiale des soixante dernières années aurait pris une autre allure. Pas de pénicilline, pas d'antibiotiques. L'âge moyen de la vie n'aurait pas gagné plusieurs mois par an ; on continuerait d'envoyer les victimes de la terrible tuberculose dans les sanatoriums, manière discrète de séparer les malades du tissu social. Quant à disserter sur la « culture jeune » et son influence sur les modes de vie de tous âges, personne n'y songerait.

Notre espoir est que l'analyse des situations potentielles se répande et qu'elle devienne un outil social pour mettre à distance les pratiques et les imaginaires qui paralysent nos initiatives. Jadis, la pensée utopique tenait lieu de laboratoire alternatif pour penser l'avenir. La prospective l'a bientôt remplacée, instillant une dimension techniciste et statisticienne dans l'anticipation. Ce changement a eu un effet direct sur le discours politique : la disparition des inventions, le cantonnement dans la perspective d'un seul avenir, encadré par les experts en fonction de ce qui est. Longtemps cependant, le rôle des oppositions politiques a constitué à fournir des options et, sur chaque sujet, à tracer une voie parallèle modifiant les équilibres présents. Gageons que le retour de ce questionnement original en histoire et plus largement dans les sciences sociales rendra l'envie aux acteurs politiques de ne pas s'en tenir à ce qui est pour imaginer ce qui pourrait être, et ce qui sera.

Bibliographie indicative commentée

Changer une donnée dans l'histoire pour mieux évaluer ses effets, tel est le raisonnement que les historiens de l'économie, grands amateurs de statistiques et de modèles, ont imaginé dès les années 1960. Le passé est devenu un laboratoire pour expériences mesurables : la cliométrie. Cette histoire a connu de beaux succès dans les pays anglo-saxons. Robert Fogel en fut le pionnier en conduisant une étude sur l'impact des chemins de fer quant à l'évolution économique des États-Unis, *Railroads and American Economic Growth : Essays in Econometric History*, Baltimore, 1964. Dix ans plus tard, il récidive avec Stanley Engerman en défendant l'efficacité économique du système esclavagiste. Là encore, il introduit un biais, en imaginant que l'esclavage n'a pas été aboli au terme de la guerre de Sécession, *Time on the Cross : The Economics of American Negro Slavery*, Boston University Press, 1974.

La démonstration fut suffisamment réussie pour déclencher une polémique. Le projet d'économie rétrospective de Fogel posait une idée importante : les historiens pratiquent tous une forme d'histoire contrefactuelle, mais ils le font le plus souvent de façon implicite.

L'écho de leurs propos parvint très atténué en France. Emmanuel Le Roy Ladurie (« L'histoire immobile », *Annales*, 1974, vol. 29, p. 673-692) et Maurice Lévy-Leboyer (« Chemins de fer et croissance économique : l'exemple américain », *Annales*, 1966, vol. 21, n° 3, p. 632-640) les défendirent, mais ne les imitèrent pas. Une prudente réserve animait les historiens français qui, à l'image de Pierre Chaunu, doutaient de la validité de l'entreprise : trop actuelle, trop modélisée, trop économique (« L'économie. Dépassement et perspective », *in* Jacques Le Goff et Pierre Nora, *Faire de l'histoire*, tome 2, Gallimard, 1974, p. 202-234). Du reste, l'histoire sociale britannique derrière E. P. Thompson (*in The Poverty of Theory*, Merlin Press, 1978) avait posé une condamnation vigoureuse en déclarant que l'histoire contrefactuelle était une « merde non historique ».

La prudence des historiens était tactique. À cette époque, en effet, ils livraient une double bataille scientifique. Ils devaient convaincre les sciences sociales de leur utilité et ils tentaient de reconstruire une identité collective malgré leur désaccord sur le relativisme culturel et sur l'analyse des discours. Cela justifiait pleinement le rejet tacite de tous les procédés qui pouvaient rapprocher l'histoire de la fiction. Mieux valait céder au rigorisme, voire au déterminisme, y compris dans l'histoire des mentalités. Le passé suivait un cours répondant à des séries d'actes et de paroles, dont les témoignages et les documents permettaient l'interprétation, et finalement, le hasard faisait bien les choses : l'évolution était conforme à ce qu'elle aurait dû être. Ajoutons à cela que nombre d'historiens trouvent déjà difficile de mener l'étude des faits objectifs pour ne pas ajouter la complexité d'une histoire des possibles.

Il fallut attendre 1994. Dans son livre consacré à *La Nuit de la Saint-Barthélemy. Un rêve perdu de la Renaissance*, Fayard, 1994, Denis Crouzet, historien français des plus inventifs, proposait le concept d'histoire virtuelle. Son idée était simple : la multiplicité, pour ne pas dire l'infinité des récits de ce massacre, constituent autant d'histoires de l'événement. En l'absence de sources indiquant les motivations des acteurs à l'heure du crime, l'historien peut légitimement poser une hypothèse pour soumettre ensuite les imaginaires de l'époque à son regard. Ainsi se fabrique une lecture de l'histoire comme un nouveau possible dans l'horizon des récits existants, une vérité qui se love dans l'interstice entre tous les discours. Son projet était circonscrit en apparence. Mais il faisait voler en éclats la conception usuelle de la vérité historique et quittait le terrain économique pour aborder les mentalités et la politique.

L'Écossais Niall Ferguson, depuis Oxford, fait évoluer le concept d'histoire potentielle dans *Virtual History : Alternatives and Counterfactuals*, 1997. Il reprend le principe d'une histoire contrefactuelle dont l'ambition est de mettre au jour les alternatives vécues par les acteurs, dans l'ignorance de ce qui allait advenir, contrairement aux historiens. L'histoire virtuelle, en somme, est le moyen de se replacer dans un univers mental où cohabitent plusieurs scénarios pour le futur. Chacun d'eux est appuyé sur des faits et des représentations qui leur donnent une réelle crédibilité. En les observant comme des processus concrets, l'historien restitue à côté de l'histoire connue une autre possibilité et par là même donne corps au dilemme réel qui traversait la société. Ferguson définit ainsi une vérité historique qui fait davantage place aux paris des acteurs et à la façon dont ils construisent progressivement la réalité, chaque décision modifiant l'ordre des possibles. L'histoire contrefactuelle devient une méthode efficace pour penser l'état et le devenir des sociétés. Elle autorise des interprétations privilégiant des points de vue minoritaires en leur temps, mais peut-être plus clairvoyants. Ferguson devait illustrer cette idée en revenant sur la Première Guerre mondiale et ses causes. Son alternative ? La neutralité de la Grande-Bretagne, en 1914, aurait permis un conflit court et faiblement meurtrier. Le XXe siècle n'aurait pas, alors, eu un visage tragique. Car la participation anglaise explique la mondialisation et la pérennisation de la guerre d'où sont sortis le communisme, les mouvements d'anciens combattants dépités et finalement le nazisme.

La vigueur de son propos explique en partie l'écho que rencontra le projet majeur conduit par Robert Cowley aux États-Unis. Ce dernier publie en 1999 le premier d'une série de trois ouvrages collectifs d'histoire contre-factuelle rassemblant les meilleurs spécialistes d'histoire militaire du monde anglo-saxon (*What If*, tomes I et II ; *What If in American History*, Berkley Books, 1999, 2001 et 2003). L'entreprise de Cowley, plus ample que la tentative de Ferguson, centrée principalement sur la Grande-Bretagne, voulait embrasser toute l'histoire du monde depuis l'Antiquité. Les auteurs traitaient donc d'événements majeurs en jouant sur le parallèle entre l'observable et le possible. Ils cherchaient tous à isoler particulièrement un fait ou une variable modifiant l'évolution de l'humanité.

Leur travail – ainsi que ceux de Martin Bunzl, « Contre-factual history : A user's guide », *American Historical Review*, vol. 109, n° 3, juin 2004, p. 845-858, et Jonathan Clark, *Our Shadowed Present : Modernism, Postmodernism and History*, Stanford University Press, 2004 – a fortement influencé le projet de ce livre. D'abord parce que Cowley et ses auteurs proposaient en quelque sorte une liste de « figures imposées » de l'histoire universelle qui donnait envie de se lancer dans des conjectures alternatives ou, du moins, d'ajouter à leur lecture des paramètres ou des effets différents de manière à lancer un débat historiographique sur les alternatives proposées : Salamine perdu par les Grecs, le Christ gracié ou la bombe atomique absente en 1945, etc. Car les histoires potentielles sont un bon moyen de faire ressortir les présupposés des interprétations. Ensuite, parce qu'à partir du défi des « imposés » pouvaient être traitées des « figures libres » plus spécifiques de la culture française. Depuis les relations complexes de Dumas et Michelet, les historiens savent en effet combien la fiction peut enrichir la réflexion historique.

Pour les lecteurs qui souhaitent aller plus loin dans la réflexion sur l'histoire potentielle, nous indiquons quelques ouvrages majeurs pour chaque chapitre.

La mise au point la plus récente sur la bataille de Salamine et sur les diverses hypothèses qu'on peut en inférer se trouve dans Barry Strauss, *The Battle of Salamis : The Naval Encounter that Saved Greece and Western Civilization*, Simon and Schuster, 2004. Sur l'autochtonie, voir les travaux de Marcel Detienne, notamment *Les Grecs et nous*, Tempus, 2009, et *Où est le mystère de l'identité nationale ?*, Panama, 2008. Sur l'émergence du capitalisme en Occident, lire Robert S. Lopez, *The Commercial Revolution of the Middle Ages*, Prentice-Hall, 1971.

Parmi les multiples ouvrages qui se sont intéressés à une lecture historique de Jésus, on retiendra Gregory W. Dawes, *The Historical Jesus Quest : Landmarks in the Search for the Jesus of History*, Westminster John Knox Press, 2000, et John P. Meier, *A Marginal Jew : Rethinking the Historical Jesus*, Doubleday, 1991.

Michel Rouche a écrit le livre de référence sur l'enjeu régional, *L'Aquitaine des Wisigoths aux Arabes (418-781). Naissance d'une région*, EHESS-Jean Touzot, 1979. Sur le dispositif militaire de la bataille, un récit vivant à défaut d'être à jour pour les dernières découvertes, Jean Deviosse et Jean-Henri Roy, *La Bataille de Poitiers*, Gallimard, 1966.

Jeanne d'Arc a fait l'objet de plusieurs biographies. Nous retenons Colette Beaune, *Jeanne d'Arc,* Perrin, 2004 ; toujours de Colette Beaune, *Jeanne d'Arc. Vérités et légendes,* Perrin, 2008, car ce livre propose une intéressante lecture des limites que l'on peut établir entre interprétation et « n'importe quoi ». Sur la société politique de cette époque voir Bernard Guenée, *Un meurtre, une société. L'assassinat du duc d'Orléans, 23 novembre 1407*, Gallimard, 1992. Parmi les sources, ne pas hésiter à prendre le *Journal d'un bourgeois de Paris.* Le *Petit Talamus* est effectivement une chronique en Languedoc.

Sur Luther, une bonne introduction est donnée par Pierre Chaunu, *Le Temps des réformes,* Sedes, 2003. Pour le contexte, voir Denis Crouzet, *La Genèse de la Réforme française (vers 1520-1562),* Belin, 2008. Un classique, Marc Lienhard, *Martin Luther. La passion de Dieu,* Labor et Fides, 1999. La biographie de Lucien Febvre, *Martin Luther, un destin,* Albin Michel, 1999, reste un modèle. Riche en documents, Jules Michelet, *Mémoires de Luther écrits par lui-même*, Mercure de France, 2008.

Sur la bataille de Gravelines, consulter Christer Jörgensen, *Grandes Batailles*, Parragon, 2008. Les deux ouvrages de Geoffrey Parker, *The Spanish Armada*, Penguin Books, 1999 (avec Colin Martin) et *The Grand Strategy of Philippe II*, Yale University Press, 1998, constituent les meilleures synthèses sur le sujet.

Pour Richelieu, le travail de Christian Jouhaud, *La Main de Richelieu ou le pouvoir cardinal,* Flammarion, 1991 ; Jean-Christian Petitfils, *Louis XIII,* Perrin, 2008, qui réhabilite la figure du roi. Pour élargir le contexte Arlette Jouanna, *Le Devoir de révolte*, Fayard, 1989 ; Joël Cornette, *Le Roi de guerre. Essai sur la souveraineté dans la France du Grand Siècle,* Payot, 1993. Parmi les sources de l'époque ou postérieures, les *Mémoires* de Saint-Simon qui évoque la journée des dupes et les *Historiettes* de Tallemant des Réaux. Et, surtout, le plaisir des romans d'Alexandre Dumas.

La fuite à Varennes a été l'objet d'un ouvrage magistral de Mona Ozouf, *Varennes. La mort de la royauté*, Gallimard, 2005. Pour la Révolution, Jean-Paul Bertaud, *Initiation à la Révolution française*, 1989. Très pratique, Jean Tulard, Jean-François Fayard, Alfred Fierro, *Histoire et dictionnaire de la Révolution française*, Bouquins, 1987. Sur les femmes de la Révolution, Jean-Clément Martin, *La Révolte brisée. Femmes dans la Révolution française et l'Empire*, Le Seuil, 2008. Ne pas oublier Évelyne Lever, *Marie-Antoinette,* Fayard, 1996 ; Jean-Christian Petitfils, *Louis XVI,* Perrin, 2005.

Parmi la masse d'ouvrages consacrés à la bataille d'Austerlitz, on distinguera Alistair Horne, *How Far from Austerlitz ?*, St Martin's Press, 1996 et, pour l'utilisation talentueuse des récits du XIXe siècle, Dominique de Villepin, *Le Soleil noir de la puissance 1796-1807*, Tempus, 2009.

L'ouvrage classique sur la guerre franco-prussienne a été écrit par Michael Howard, *The Franco-Prussian War,*

Routledge, nouvelle éd. 2001. Outre le livre intéressant de François Roth, *La Guerre de 1870*, Fayard, 2001, la synthèse la plus neuve – notamment sur le plan diplomatique – est fournie par Pierre Milza, *L'Année terrible (1). La guerre franco-prussienne*, Perrin, 2009.

Sir Basil H. Liddell-Hart a écrit des pages lumineuses sur les options stratégiques en 1914 *in Stratégies*, Tempus, 2007, p. 299-314. Le même commentaire s'applique à *L'Ère des tyrannies* d'Élie Halévy. Sur l'aspect politique et international d'une interprétation contrefactuelle, lire James Jole, « Politicians and the freedom to choose : The case of July 1914 », *in The Idea of Freedom. Essays in Honour of Isaiah Berlin*, Oxford University Press, 1979. Sur la bataille de la Marne et la stratégie du GQG allemand, les papiers de Helmut von Moltke, *Erinnerungen, Dokumente, Briefe 1877-1916*, Deutsche-Verlag, 1922, sont irremplaçables.

Sur la Russie du début du XXe siècle, voir le recueil des livres d'Hélène Carrère d'Encausse, *Russie, la transition manquée*, Fayard, 2005. Sur Raspoutine, le plaisir de lecture reste à Henri Troyat, *Raspoutine*, Grasset, 1998. Pour le contexte suivant, Simon Sebbagh Montefiore, *Staline. La cour du tsar rouge*, Calmann-Lévy, 2005. Ne pas hésiter à prendre une source remarquable, Maurice Paléologue, *Le Crépuscule des tsars*, Mercure de France, 2007. Un roman de fiction alternative pour la longue durée, Robert Harris, *Archange*, Plon, 1999.

La meilleure synthèse sur les visées étrangères de Hitler à cette période est fournie par Gerhard L. Weinberg, *The*

Foreign Policy of Hitler's Germany : Starting World War II, 1937-1939, University of Chicago Press, 1980. En matière d'options stratégiques, outre le chapitre écrit par Basil H. Liddell-Hart, *op. cit.*, p. 371-391, qui souffre de lacunes archivistiques, le plus complet reste la source allemande Militärgeschichtliches Forschungsamt, *Das Deutsche Reich Un Der Zweite Weltkrieg*, vol. 2, Deutsche-Verlag, 1983.

La fin de la guerre dans le Pacifique reste l'enjeu d'un important débat sur l'usage de la bombe atomique. Depuis peu, des ouvrages tentent de rendre l'atmosphère de cette époque. Le roman de David Peace, *Tokyo année zéro*, Payot-Rivages, « Thriller », 2007, a produit sur nous une forte impression. Pour une introduction à la Seconde Guerre mondiale, voir John Keegan, *La Deuxième Guerre mondiale*, Perrin, 1990. Sur la fin de la guerre, Richard B. Frank, *Downfall. The End of the Imperial Japanese Empire*, Random House, 1999 ; Bathélémy Courmont, *Pourquoi Hiroshima ? La décision d'utiliser la bombe atomique*, L'Harmattan, 2007. Sur l'armée japonaise, ses plans de défense et l'espionnage, Edward J. Drea, *In the Service of the Emperor. Essays on the Imperial Japanese Army*, Nebraska University Press, 1998.

Mai 68 occupe une place singulière dans le débat politique, bien analysé par Dominique Damamme, Boris Gobille, Frédérique Matonti, Bernard Pudal (dir.), *Mai-Juin 68*, Éditions de l'Atelier, 2008. Sur le personnel politique, Jean-Paul Brunet, *Gaston Monnerville. Le républicain qui défia de Gaulle,* Albin Michel, 1997. Sur le voyage, une version curieuse, Henri-Christian Giraud, *L'Accord secret de Baden-Baden. Comment de Gaulle et les soviétiques ont mis fin à mai 68*, Éditions du Rocher, 2008. Une vision romanesque amusante, Daniel Picouly, *68 mon amour,* 2008.

Autour d'Israël et de la question de l'occupation, Ian Lustick, *Unsettled States, Disputed Lands : Britain and Ireland, France and Algeria, Israel and the West Bank-Gaza,* Cornell University Press, 1993. Les rapports avec l'Iran, Trita Parsi, *Treacherous Alliance. The Secret Dealings of Iran, Israel and the United States,* Yale University Press, 2007. Sur la guerre de 1973, Pierre Razoux, *Tsahal*, Perrin, 2006. Parmi les témoignages, Boutros Boutros-Ghali, Shimon Peres, André Versaille, *60 ans de conflit israélo-arabe. Témoignages pour l'Histoire,* Complexe, 2006. Jean Marcou, *L'Égypte contemporaine,* Cavalier Bleu Éditions, 2008.

Remerciements

Ce livre n'aurait pas été le même si quelques amis ne nous avaient aidés dans son élaboration. Nos remerciements vont d'abord à Maurice Szafran, directeur de *Marianne*, et à Laurent Neumann, directeur de la rédaction, qui ont accueilli nos premières tentatives sur ce sujet. C'est pourquoi il nous semble légitime de leur dédier cet ouvrage.

Ils vont ensuite à quelques collègues qui nous ont suggéré des pistes ou des hypothèses : Hélène Eck, David El Kenz. Ils se tournent aussi vers des amis dont les remarques ont été des encouragements : Pascaline Balland, Lucas Delattre, Patrick Zeyen. Une pensée particulière va à Judith Becqueriaux que nous remercions de sa patience. Ils vont enfin à Bernard Gotlieb et à Odile Jacob qui nous ont accueillis avec chaleur, ainsi qu'à Jean-Luc Fidel, éditeur vigilant.

Une dernière remarque pour dire que les deux auteurs partagent l'intégralité du volume ici présenté. Toutefois certains chapitres sont plus dus au travail de l'un de nous. Ainsi Anthony Rowley s'est particulièrement intéressé à Salamine, Jésus, Poitiers, Austerlitz, à l'Invincible Armada, à la guerre de 1870, à la Première Guerre mondiale et à l'été 1938, tandis que Fabrice d'Almeida poursuivait Jeanne d'Arc, Luther, Richelieu, Louis XVI, Raspoutine, la bombe atomique, Mai 1968 et la guerre du Kippour.

Table

CET OUVRAGE A ÉTÉ TRANSCODÉ
ET MIS EN PAGES CHEZ NORD COMPO (VILLENEUVE-D'ASCQ)
ET ACHEVÉ D'IMPRIMER SUR ROTO-PAGE
PAR L'IMPRIMERIE FLOCH À MAYENNE
EN JUIN 2009

N° d'impression : 74081
N° d'édition : 7381-2166-1
Dépôt légal : avril 2009
Imprimé en France